朱永新
谈读书

朱永新———— 著

商籍印書館
The Commercial Press
创于1897

图书在版编目（CIP）数据

朱永新谈读书 / 朱永新著 . —北京：商务印书馆，2022
（2023.10 重印）
ISBN 978-7-100-21624-1

Ⅰ.①朱…　Ⅱ.①朱…　Ⅲ.①读书方法　Ⅳ.① G792

中国版本图书馆 CIP 数据核字（2022）第 157543 号

朱永新谈读书

朱永新　著

商 务 印 书 馆 出 版
（北京王府井大街 36 号　邮政编码 100710）
商 务 印 书 馆 发 行
北京中科印刷有限公司印刷
ISBN 978 - 7 - 100 - 21624 - 1

2022 年 10 月第 1 版　　开本 787×1092　1/32
2023 年 10 月北京第 5 次印刷　印张 12

定价：58.00 元

目录

序言一

　　我与朱永新先生交往二十多年，见证了他推动中国的中小学书香校园建设和全民阅读，为他深远的教育思考和精准的改革设计而感动。朱永新先生是卓越的全民阅读与"新教育"理念推广人，是当代中国突出的教育家。

　　随着改革开放与社会主义现代化的进程，随着经济社会人文的迅速发展，国人对于教育的重视达到空前程度，面对教育事业的挑战与课题日益纷繁，有许多不同的声音。朱永新先生在这样的浪潮中坚持教育的品位、生活性与实践性，发起并进行了大量推动与改革教育的创造性实验。针对以教材为主与主动广泛阅读的矛盾、出版数量迅速增长与阅读选择困难的矛盾、碎片化阅读与系统持续阅读的矛盾，尤其是针对升学教育与素质教育的矛盾、填鸭式教育与全面开发与培育青少年学生的精神能力的矛盾，朱先生提出了许多新思想新观念，也做了许多卓有成效的探索。

作为中国教育改革的旗手和全民阅读倡导者，朱先生从推动大学生阅读项目，到提出"营造书香校园"概念；从向全社会提出把全民阅读作为国家战略，到创办新阅读研究所等多个民间阅读公益机构；从主持《中国人阅读书目》，到捐款资助、身体力行地持续推广阅读超过二十七年。

特别是他发起的新教育实验，以阅读为抓手，从一所所学校起步，到目前已达到8,300多所学校、800多万师生参与的规模。新教育的阅读项目创造性地提出了"晨诵、午读、暮省"、新教育生命叙事剧、听读绘写等阅读方法，用诗歌开启一天的黎明，用整本书午间共读建设完美教室，用暮省记录师生生活，用亲子共读和师生共读形成教育共同体，改变了许多家庭、学校和区域的文教形态。比如湖北随县、安徽霍邱等许多农村地区的教育品质因此得到极大提升，创造了许多教育的奇迹。

期待朱永新先生能够为中国教育改革和发展做出新的更大的贡献。

（王蒙先生系当代著名作家，2019年被授予"人民艺术家"国家荣誉称号）

序言二

唐文治

　　中国民间正在进行着一场规模宏大、参与人数众多、效果卓著的教育科研实验。这场实验必将成为中国当代教育改革进程中浓墨重彩的一笔。

　　自二十世纪九十年代起，朱永新先生已富有远见地思考如何推进新世纪教育变革。面对"应试教育"的僵化、教育改革滞后于经济改革的矛盾，他率先提出新教育实验的理念，依托阅读推广与教育模式革新，耗费三十余年，探索出一条适应时代发展、符合学生成长规律的教育途径。

　　从第一场师生阅读活动的开展到第一册"中国小学生基础阅读书目"的制定，从第一场深入式的教学观摩与研讨到第一所新教育实验学校的落成，从打造书香校园到建设书香城市，从个人精神的构筑到民族精神的积淀，朱永新先生始终坚持做勇往直前的开拓者、勤耕不辍的行路人，为中国基础教育的创新与改革注入了一股强大的活力。他先后创办新教育研究院、新教育研究会、新教育基金会、新阅读研究所，创办新教育报纸和期刊，创办"教育在线"网站，不断壮大教育实践者的队伍，搭建多元化的教育平台。新教育实验遍布170多个实验区、8,300余所学校。创办的教育网站成为中国最大的在线教师培训基地，是数十万教师长驻用户的精神家园。他更以卓越的前瞻眼光关注未来教育，打破传统实体教育壁垒，成功探索出将实体学校与互联网学校联合的混合办学模式，不断实现教育空间共建与教育资源共享，为未来教育改革创造了无限可能。

　　一个国家的高等教育的质量，其实是由这个国家的基础教育的质量决定的。作为北京大学教授，我深知这一根本性的逻辑关系。世界的发展、人类历史不断走向更高的文明，关键在教育。朱永新先生对此有着深刻的理解并有系统化的理性阐释。他的理论和实践，必将记载于中国当代教育史。

　　新教育实验的核心之一是阅读。学者出身的朱永新先生对阅读的意义有着深刻的认识。他提出的"一个人的精神发育史就是他的阅读史""一个民族的精神境界取决于这个民族的阅读水平"成为了影响一代人的精神共识。他不遗余力地打造充满书香气息的校园：成立儿童阶梯阅读研究小组，编写严谨、科学、纯粹的中国儿童分级阅读书目，绘制教师专业阅读地图，研究中国父母基础阅读书目，全力营造阅读场，创造性地提出"晨诵、午读、暮省"的阅读方式，以经典阅读作笔，为儿童的精神世界绘制永恒斑斓的底色，令每一个孩子都成为"读书人"，与黎明共舞，与朝阳同诗。尤其是对亲子阅读的提倡，对家庭阅读氛围的重塑，对家庭阅读理念的倾注，令无数中国家庭因此受益。

三十多年来，朱永新先生始终坚定地站在教育的第一线，广为播撒教育的种子，致力于为中国孩子提供幸福完整的教育生活。而他的热情、孜孜不倦、锲而不舍、深思熟虑，源自于他的世界性眼光和始终站在全人类的高度思考教育。他的教育思想既是中国的，也是世界的。中国教育的质量与人类之进步密切相关，他对中国教育的贡献也是对人类的贡献。

（曹文轩先生系北京大学教授，2016年度国际安徒生奖获得者）

家庭教育与读书

　　童年的秘密远远没有被发现，童书的价值远远没有被认识。家庭是人生永远离不开的一个场所，是人生最重要、最温馨的一个港湾。阅读的种子，是在家庭中播下的。让孩子热爱阅读，迫切需要父母们参与其中，带领孩子创造共读、共写的生活。

儿童是由大人牵手进入阅读世界的

　　我们今天理解的儿童，是怎样的儿童呢？儿童不仅指一种生理上的年龄阶段，更是一种心理上的状态。在人类漫长的历史长河中，儿童一直是缺位的，是被历史遗忘的。步入近代以来，人们才开始尝试去理解儿童。但非常遗憾，我们的所思所想、所作所为，还停留在浅层次上，对儿童精神世界的探索还处于摸索的阶段。就像我一直说的：童年的秘密远远没有被发现，童书的价值远远没有被认识。

　　格林说，所有的童书都是预言书。早期阅读对人们的影响无疑是刻骨铭心的，是塑造精神趣味与人格倾向的，自然，也是多少能够预测未来的。

　　蒙台梭利曾经说过，儿童是成人制造出来的。我们大人，作为父母、教师，在儿童阅读上应该发挥正面作用。

　　孩子是由大人牵手进入阅读的世界的，无论是自觉引导，还是无意带进，大人在孩子阅读方面的作用无论怎么评价都不为过。爱读书的孩子背后往往有爱读书的父母。儿童是通过榜样来学习的。对孩子说"给我读书"一百遍，不如自己捧起书籍读给孩子看，更不如与孩子一起读。这也是新教育强调亲子共读的原因。大人读书时专注的神态和满足的表情，大人之间讨论书中的人物与故事，亲子之间交流共读的心得，这些做法会比简单地把书丢给孩子，或者直接把书"喂"给孩子，更能够把孩子带进阅读的世界。

绝大多数人都是通过听故事走进书的世界，从而成为读者的。孩子因为喜欢书中的故事，慢慢认识了书中的文字，借助这些文字，又慢慢走进了其他书籍，发现了新的故事。所以，儿童阅读其实并不是从自己独立阅读开始，而是从"听读"开始。父母可以把讲故事作为激发孩子阅读愿望的主要方法。

对于儿童而言，阅读是帮助他们认识世界，形成对人生、对未来的基本态度和价值观的最主要的路径。儿童爱自然、爱生命、爱自由、爱提问、爱思考……在倡导儿童阅读过程中，我们特别强调通过阅读保持和发展儿童对于世界的热爱。如何做呢？关键是我们要找到适合儿童的书。

作家周大新曾经说，向孩子们推荐书的时候，应该把握两个标准：第一，这本书是否在传达爱；第二，是不是在告诉孩子什么是美。新教育在研制儿童书目的时候，就是按照真、善、美的标准来选择的——如选择那些传达同情、尊重等情感的书籍。

　　人类几千年来创造的知识、智慧与伟大思想都在那些伟大的书籍中。把最美好的东西给最美丽的童年，对于培养阅读兴趣与学习能力具有非常重要的作用。阅读也是有胃口的，就像饮食一样，好的食物品尝多了，自然就对垃圾食品不感兴趣了。好的作品读多了，自然就知道什么作品才是伟大的了。

　　好书不厌百回读。重要的经典是需要反复多次阅读的。读书就是交朋友，第一次是认识新朋友，第二次就是见老朋友。每一次见面，就会加深一次印象，增添一份友谊。因此，在童年的早期，应该尽可能让孩子与那些伟大的经典相遇。

　　当我们从感性的角度，把儿童称为天生的诗人时，也应该从理性的角度，把儿童称为天生的哲学家。这是因为儿童所思考的通常都是人类最本质的问题。这些问题很宏大，却并非日常生活所常见，这些问题往往被成人忽视，提问的儿童也同样没有受到重视。我们要鼓励儿童在阅读的过程中善于思考、提问，通过阅读培养儿童的批判性思维。

因此，我们很关注读什么书，却常常忽视了怎么读。正是因为我们自身对于"怎样读"会导致"怎样思考"没有足够的研究，我们最容易陷入用成人意志代替、压抑儿童意志的误区。只有深切认识到这一点，才能解放儿童，从而迅速有力地真正推动儿童阅读不仅往广度上拓展，同时也往深度上发展。

为了培养儿童的思考力，选择一些有挑战性的书籍是非常必要的。有些书读起来明白晓畅毫不费力，但对儿童来说只是增加一些信息量或消遣而已。有些书读起来有些费力，甚至是艰难，但恰恰是这些书会挑战和提升儿童的理解力。当然，难度的恰到好处是很重要的，不能让儿童望而生畏。

善于提问的主动阅读，是培养思考能力的重要途径。书籍打开了一扇扇通向世界的窗户，每扇窗户的风景都不相同。通过坚持不懈的阅读，孩子慢慢地就会理解、欣赏、比较、分析，丰富自己的精神世界，形成自己的思想。主动或被动阅读，与积极或消极工作一样，其结果是完全不同的。主动地阅读，兴趣强烈，注意力集中，会自觉梳理阅读的内容，把握内在的逻辑，厘清各种关系。能够提出问题，就是主动阅读的一个表现，会让阅读更有方向。因此我们大人要呵护孩子的阅读兴趣。

读书要有恒心，我们大人要通过鼓励孩子坚持阅读来培养儿童的意志力。由于身心发育的特点，儿童对自己感兴趣的事物会极度专注、异常痴迷，但是对自己不感兴趣的事物，也会烦躁不安无法坚持。阅读恰恰是一个滴水穿石的过程。在当下五光十色的世界里，静静地读一本书需要更大的意志力和耐心。我们大人要为孩子选好书、要陪孩子一起读、要对儿童进行有效引导和督促，以各种巧妙的方法进行"干预"。

我曾经写过一篇文章叫《父亲的礼物》，讲述了我的父亲在我童年时，每天早晨5点左右强迫我起床练字的事。这样的经历培养了我持之以恒的早起习惯，虽然我没有成为书法家，却长年拥有了专注高效的每天两三个小时的阅读与写作时间。所以，我在完成本职的行政工作之外，业余的学术研究也从来没有懈怠。对于儿童来说，阅读也是如此。一旦通过外在引导和干预养成内在习惯，阅读就成为了生活方式，就会让儿童受益终生。

父母好好学习，孩子天天向上

我一直认为，家庭教育最关键、最重要的方法与路径，就是学会与孩子一起成长。父母好好学习，孩子天天向上。没有父母的成长，永远也不会有孩子的成长。

长期以来，我们都把成长看成是孩子的事情，其实不然。成长是父母与孩子共同的事情，是父母与孩子必须共同面对的问题。

首先，成长是人生重要的使命。

"成长"的意思很明确，即长大，成熟，就是一个人自身不断变得更好、更强、更成熟的过程。从这个意义上来说，人的一生就是一个不断学习、不断成长的过程。

我们往往把成长看成是一个阶段性的任务，把成长视为仅仅在学校里才能完成的任务。一旦离开学校，就可以不再阅读、不再学习、不再成长了。其实，这也是我们教育的最大失败，因为成长本身也是一种习惯，一种能力。生命不息，成长不止，才是一个人生命最美的姿态。

曾经读到日本著名图画书作家五味太郎的一本书《孩子没问题，大人有问题》，其中举例说明了现代社会大人的许多问题。他发现有十种类型的问题大人：总是心神不定的大人、早已精疲力尽的大人、总是试图考验孩子的大人、就是喜欢义务和服从的大人、任何时候都不懂装懂的大人、喜欢贬低他人保持优越感的大人、总是对自己在社会中的位置忐忑不安的大人、本应引导却喜欢教导的大人、再怎么说也是缺少学习精神的大人、不知何时已经不想做人的大人。从这十种类型可以看出，作为成年人的"大人"，仍然面临着成长的艰巨任务。成长，仍然是每个父母重要的使命。

在有问题的大人的词典里，错误永远属于孩子，因为他自己就是标准，就是法典，就是正确的化身。他可以随意评价孩子、批评孩子，甚至辱骂孩子。他也可以麻木不仁，不理睬孩子。其实，犯错误的往往是这类大人，是孩子的父母。孩子有口难辩，有冤难申。

儿童的许多问题其实是成人造成的。善于教育的成人，往往是善于向儿童学习的人。儿童是一面镜子，从他们的身上可以看出我们教育的成败得失，看出我们应该改进与反省的行为。这样，我们就会与孩子一起成长。

其次，父母是孩子成长的楷模。

许多父母要求孩子读书、做作业，自己却在家里嗑瓜子，搓麻将，玩游戏，看电视，因为他们的潜意识认为，成长只是孩子的事情，与自己无关。许多父母关注孩子成长中的各种问题，为孩子而焦虑、烦躁。其实，他们并没有意识到，问题往往出在自己身上。

孩子是最伟大的观察家，他们一直在观察着成人的行为，考量着父母的举动。你要求孩子做到的事情，你自己就要首先做到，做出榜样。所以，父母应该努力成长，并且成为孩子的成长榜样。被称为"韩国第一妈妈"的张炳慧博士，将自己的三个中国继子分别送进了哈佛大学和耶鲁大学。特别是曾经被认定有学习障碍的老二，哈佛大学毕业以后在曼哈顿商界叱咤风云，成为一流的企业家。她在《好孩子的成功99%靠妈妈》这本书中认为，孩子在成长过程中是通过模仿，从生活中一点一滴地学习和积累人生经验的。忙碌了一天的她，每天回家做完家务，从来不看电视，她说，"对于忙碌了一天的我来说，看一个有趣的电视节目，放松一下紧张的大脑是个非常不错的选择。但是，如果我看电视，孩子们也会去看电视。因此，我宁愿把看一本有趣的书当作休息"。在她的影响下，三个孩子都把读书当作世界上最有趣的事。

最后，一起成长才能更好成长。

一个人走可以走得很快，一群人走才能走得很远。其实，家庭成员的成长也是如此。父母仅仅满足于自己的成长是不够的，甚至仅仅用自身的成长故事、成长榜样影响孩子也是不够的。成长有一个共做效应，有一个生命的成长场。父母与孩子一起阅读，与孩子一起锻炼健身，与孩子一起郊游走进大自然，与孩子一起参观博物馆，不仅仅能够为孩子树立榜样，帮助孩子拓宽视野、增强体质，自己也会收获满满。

在成长的过程中，父母与孩子完全是互动的关系。父母的成长会带动孩子的成长，孩子的成长也会促进父母的成长。过去我们说，强将手下无弱兵，其实优秀的父母也往往更容易培养出优秀的孩子。反过来，优秀的孩子也会推动父母成为更优秀的父母。

成长，是人生最好的姿态；学习，是成长最好的路径；阅读，是学习最重要的方式。人生就是一场永不停歇的马拉松，只有不断阅读，不断学习，才能不断成长。只有父母的成长，才有孩子的成长；只有父母好好学习，才有孩子天天向上。

阅读与家庭是教育的两大基石

从儿童成长的角度而言，家庭教育的重要性表现在四个方面。第一，家庭是人生最重要的场所。人生是从家庭开始的。父母亲对孩子的成长具有非常关键的作用。他们带给孩子什么，往往就决定孩子会成为什么。第二，童年是人生最神奇的阶段。对我们而言，儿童还是一个黑匣子。我们没有充分认识到儿童的精神世界的丰富性、独立性。儿童是怎么认识这个世界的？儿童的个性又是怎么形成的？我们必须很谦卑地承认对这些问题的认识还很不充分，还需要做更多探索。第三，父母是孩子最长久的教师。父母本身就是儿童最初的世界，他们不仅是第一任教师，实际上也是儿童终身的教师、最长久的教师。第四，家庭是人真正诞生的摇篮。一个人的行为习惯、个性特点、认知风格等，都是在家庭中初步形成的。一个人的所有问题，几乎都可以追溯到儿童时代，追溯到家庭生活。

正因如此，家校合作是如此重要。我每年都要走访近百所学校，听许多教师讲述他们的故事。2014年，新教育实验"缔造完美教室"叙事研讨会在北京师范大学举行，我在现场聆听了9位一线教师在教室里耕耘、创造的故事。所有的教师都讲到了家校合作问题。生命的成长，必须经历四个重要的场域，依次是：母亲的子宫、家庭、教室和职场。家庭和教室是与学生生命关系最大的生命场。离开了母亲的子宫以后，儿童就生活在家庭里，在父母的影响与养育下成长。到了学龄阶段，儿童来到了一个叫作学校的地方，在一个叫作教室的地方成长。

我经常跟很多教师讲，当一个孩子来到你的教室的时候，已经是一个"半成品"了，人格特征、认知风格、行为习惯等很多基础性的东西已经形成。有一些孩子的基础已经很好，你只要继续呵护、帮助他们，给他们更好的滋润，让他们发展得更快。有一些不是很理想，就需要你用心矫正，而这种矫正，有父母们的支持和帮助就一定会事半功倍，有时甚至需要矫正的正是父母。因此，无论面对哪种类型的孩子，没有父母参与的教育，一定是残缺的教育，一定是不完全的教育。

正是由于认识到阅读与家庭对于儿童成长的重要性，新教育研究院成立了两个研究所，一个是新阅读研究所，抓书目研制，解决读什么的问题；抓"领读者"

计划，解决如何读的问题。除了研制发布书目，每年还公布我们研制的"中国童书榜"。一个是新父母研究所，抓父母教育素养的普及与提升，抓种子教师的培育和养成，通过萤火虫工作站开展各类教育活动，帮助父母和教师携手打造家校教育共同体。新教育先后在全国100多个城市建立了萤火虫分站，有数万名父母、上千名教师参加。儿童文学作家童喜喜曾经在一年的时间内举行了100所乡村学校的"新孩子"乡村阅读公益行活动，在每一所乡村学校分别为父母和教师举行公益讲座和交流，将家校教育共同体从城市推向乡村。

阅读和家庭是整个教育最重要的基石，而阅读与家庭两个基石本身又可以合并成为一个更大的家庭教育的基石。因为阅读的种子是在家庭播下的。如果在进入学校以前，孩子就已经热爱阅读，具有初步的阅读习惯、阅读兴趣与阅读能力，学校教育就会更加顺利，更有成效。

我们深刻地知道：家庭好了，教育才会好；父母好了，孩子才会好；家庭教育好了，学校教育就会轻松高效。这是一个非常简单却管用的道理，需要我们全力践行。

父母怎样与孩子一起阅读

　　家庭是人生永远离不开的场所，是人生最重要、最温馨的港湾。阅读的种子是在家庭中播下的。阅读是构建儿童精神世界的主要方式之一。在和孩子共读过程中，父母该注意什么呢？

　　一是父母要树立正确的阅读观。秘鲁作家略萨说："阅读把梦想变成生活，又把生活变成梦想。"很多父母都担心，孩子的课业负担很重，再让孩子大量阅读，会影响学业成绩。其实，教科书只相当于"母乳"。不喜欢课外阅读的孩子，往往知识面窄，生活枯燥，学习兴趣寡淡，学习成绩自然也不会太好。2018年"国际成人能力评估项目"指出："阅读能力比学历高低更能准确预测一个人在职业生涯中的发展。"父母履行养育责任，不仅要让孩子吃饱穿暖、身体健康，而且还要为孩子精神成长提供养料，为孩子创造读书的条件，让孩子的童年有童书相伴。

二是父母要当好孩子精神世界的"守门人"。儿童的阅读有很多关键期。在每个时期的入口处，都需要父母给予必要的引导。一方面要有选择地把最适合的书籍带到孩子身边，避免价值观扭曲的读物对孩子造成不良影响。另一方面既要屏蔽手机、电脑的不良信息，又要防止孩子对电子设备过度依赖。关注孩子读什么书、交什么友、做什么运动，应该成为父母为孩子守门的三道关口。

三是父母要在亲子共读中与孩子一起成长。引导孩子成长，应该努力完善自己，使自己成为身心健康的人。阅读是帮助父母成长最廉价、最便捷、最有效的路径。父母不热爱阅读，孩子也很难爱上阅读。因此，要想孩子成人成才，父母要挤出时间陪孩子读书，腾出柜子给孩子装书，陪孩子坚持养成习惯。无数事实表明，童书曾经改变过许多错过了阅读关键期的成年人。借助共读童书，父母的童年被唤醒，并与孩子的童年发生共鸣，找到家庭教育的密码。江苏如东有一位"故事爸爸"，在女儿读幼儿园的三年里，先后为孩子购买了700多本绘本和故事书，自己购买并阅读了100多本家庭教育方面的专业书籍，写下了10多万字的家庭教育心得，一家人在亲子共读中获得了一种全新的家庭生活方式。

在这个方面，新教育实验也做了许多有益的探索。新教育有一个非常重要的理念：共读、共写、共同生活。只有共同阅读，才能拥有共同的语言、共同的密码、共同的价值和共同的愿景，才能避免成为生活在同一屋檐下的"陌生人"。新教育的教师，经常用写信和便签的方式给父母推荐亲子共读的图书，并且与父母一起分享他们的阅读心得。山东临淄的一位父亲因此和孩子一起读了许多书。这位父亲是当地的一名企业家，在孩子上小学前，他基本上是一位"影子父亲"，晚上回家时孩子已经睡着了，早上孩子上学时他还在睡梦之中。由于新教育的亲子共读要求父亲不能缺位，他才和女儿开始了真正的阅读生活。走进阅读之后，他发现了亲子阅读的魅力，找到了与女儿的共同语言。

创造良好的家庭阅读氛围，也是培养孩子阅读兴趣的重要路径。父母是孩子的老师，更是孩子的榜样。想让孩子阅读，父母首先就要阅读。优秀的父母一定是善于阅读、勤于学习的父母。北京第二书房的刘称莲就是这样一位母亲。从怀孕开始，她就大量阅读教育类书籍，尤其是家庭教育的图书，从蒙台梭利、卢梭、苏霍姆林斯基到孙云晓、卢勤，她先后参加了"家庭教育指导师""走进青春期工作坊"等多个培训班，自学了心理学、萨提亚等课程。她说："父母是一个特殊的职业，一旦从事这个职业，就不能辞职，且要24小时全天候在岗，没有人领导却最不自由，看似没有规则却工序复杂，还充满了不可确定性。"所以，要想成为合格的父母，就需要不断学习。

优秀的父母不仅自己要阅读，为孩子做表率，而且要努力打造一个"书香家庭"，为孩子创造良好的阅读氛围。刘称莲认为，孩子都是喜欢读书的，因为他们对这个世界充满了好奇，而阅读正好可以满足他们这一天然的渴望。"父母要做的只有两点：一是让孩子有书读，二是让孩子读到书"。在孩子上幼儿园的三年里，她每天给女儿读书。女儿上小学以后，他们就买来许多带拼音的有趣的小学生读物，还有《米老鼠》等杂志，随意地放在女儿的写字桌上或者家里的饭桌和沙发上，目的就是引起女儿对书的注意，"诱惑"她去读书。女儿读中学以后，他们为女儿买来大量名著，包括英文原版的《暮光之城》等，还为女儿订阅了《读者》《中国国家地理》《青年文摘》《北京青年报》《博物》等报刊，拓宽她的视野。即使在紧张的高三复习应考阶段，女儿的阅读也没有停止过。最后，女儿顺利拿到了北京大学和香港大学的录取通知书，她自己也撰写了《陪孩子走过小学六年》《陪孩子走过初中三年》和《陪孩子走过高中三年》等畅销书。

　　"养成读书的习惯，等于在孩子的心里装了一台成长的发动机"，一位教育专家曾经说的一句话，成为刘称莲家庭教育的座右铭，也值得所有父母深思。

让孩子爱上阅读的两个做法

为什么孩子不喜欢阅读？一个重要的原因可能是我们没有选对书。没有孩子是天生不喜欢阅读的。恰恰相反，绝大部分孩子喜欢听故事、喜欢翻阅书籍。关键是我们能否找到此时此地最适合他们的图书。我们在研制"中国幼儿基础阅读书目"时曾经提出过"儿童中心""故事中心"和"绘本中心"的主张，就是希望把那些最能够满足儿童好奇心、求知欲、想象力的，充满趣味、智慧、情感和真善美的书籍给孩子。处于不同年龄发展阶段、具有不同个性特点、不同性别的孩子，可能会对不同的图书感兴趣。把《红楼梦》原著推荐给尚未养成阅读习惯、人生阅历尚浅的小学生，肯定不合适。因此，教师和父母不妨注意观察孩子的阅读口味，首先寻找最适合他们阅读的那些书。

在选对书以后，与孩子一起读书就显得非常重要了。再好的书，只是扔给孩子去读，是很难让他们产生兴趣的。亲子共读是培养孩子阅读兴趣最有效的路径，也就是说，阅读的大门，也是需要父母的大手牵着孩子的小手一起进入的。美国著名阅读研究专家吉姆·崔利斯在《朗读手册》的扉页上引用过一首题为《阅读的妈妈》的小诗：

> 你或许拥有无限的财富，
> 一箱箱的珠宝与一柜柜的黄金。
> 但你永远不会比我富有——
> 我有一位读书给我听的妈妈。

这是一首备受美国人喜爱的诗，也从另外一个角度展现了美国家庭亲子共读的风景。

一是为孩子选对书；二是陪孩子一起读书，给孩子读书听。这两个既简单又不简单的做法，哪家父母做到了，坚持了，哪家孩子就不能不成长为一个爱读书的人。这也是新教育倡导的"共读、共写、共同生活"在家庭中阅读中的实践。

从图画书开始爱上阅读

《爱丽丝梦游仙境》开篇第一个情节，可以让我们窥见图画书在孩子心中的地位。这个情节是这样的：

> 爱丽丝靠着姐姐坐在河岸边很久了，由于没有什么事情可做，她开始感到厌倦，她一次又一次地瞧瞧姐姐正在读的那本书，可是书里没有图画，也没有对话。爱丽丝想，要是有一本书里没有图画和对话，那还有什么意思呢？

图画书，特指文、图共同参与叙事的书。图画书与传统小人书和插图书有很大的不同。传统小人书以及插图书中的图画仅仅是对文字内容的再现，如果没有插图，只看文字也不影响对故事的理解，但是在图画书里，创作者在图画部分融入了更多的信息和内容，这些信息和内容甚至超过了文字本身所要表达的。

一般来说，一本图画书至少会包括三个故事：第一个是文字讲述的故事，第二个是图画讲述的故事，第三个是文字与图画相结合而产生的故事。这三个故事有时是同一个，有时是各说各话。国外有专家把故事类图画书中文图之间的关系划分为五种类型：①文字和图画表达同样意思的对称型，即书中文字和图画比重基本一致，而且图画与文字完全对应；②文字和图画表达同样意思但互相补充的补充型，即图画与文字基本对应，但是又不完全一致，如图画的场面和细节可能比文字更丰富、更具体；③文字和图画互相延伸对方意思的增强型，增强比补充更强烈，更有力量，也就是说，文字和图画各自发挥优势，图画渲染文字，文字淋漓尽致地呈现图画无法表现的细腻内容；④文字和图画讲的是不同故事的错位型；⑤文字和图画是互相矛盾和对立的矛盾型。后两种就是所谓的各说各话。

　　图画书是孩子认识世界的基石，因为图画书是离孩子最近、离教育最近的一种文学样式。通过图画书，我们会知道孩子是如何认识这个世界，又是从哪里开始认识这个世界的。苏霍姆林斯基认为，图画是发展创造力和想象力的手段之一，他坚信图画是通往逻辑认识道路上必不可少的阶梯，同时有助于培养儿童对世界的审美。

我曾经读过一本《星空下的等待》，作者珊卓拉·迪克曼是一位善于用图像说话的高手。这本图画书的主题涉及友谊、离别和思念，讲述了狐狸和狼这两个朋友间催人泪下的故事。打开扉页，是狐狸与狼隔着书名深情对望，相视而笑。接下来，是他们并肩在湖边惬意奔跑，在花丛中谈心，在水里游泳，在山坡上奔跑，依偎在一起仰望星空。然后是狐狸望向空荡荡的狼窝，双耳低垂，四处找寻。中间一幅跨页的整张图，描绘的是狐狸在湖边遥望山顶天边的星星，把狐狸的思念情绪烘托渲染到极致。这本书的构图非常有个性，绚烂的色彩和装饰性的图案，显示出插画家强烈的个人风格。

我们的孩子，特别是幼儿，一定是从视觉、听觉和触觉开始认识这个世界的。生活中所有的信息都是以图像的方式进入孩子的眼睛和大脑，他们把整个世界当作图像，对图形和色彩的敏感度和洞察力有时会远超成年人。在还不会认字的时候，阅读图画书是孩子认识世界的一个重要方式。

美国早期儿童阅读专家伊丽莎白·萨尔兹比研究了低龄儿童的早期发展过程，总结出一般儿童开始阅读所要经历的五个阶段。第一阶段，只注意看单个画面，未形成故事。幼儿会指着图画，说出图画上所画物品的名称，但并不能将前后页连贯起来理解，而是把每一页都当作独立的页面，有时候会跳着翻页，而不是按照前后顺序观看，因而不能将图画连成一个故事。第二阶段，注重图画，形成口语故事。幼儿能跟随前后图画的内容，用好像口语讲故事的方式和语调，将一本书串联成一个完整的故事。第三阶段，注意图画、阅读和说故事的混合。第四阶段，注意图画，能形成书面故事，能看着图画念书，念读的字句和语调很像在阅读这本书。第五阶段，开始注意到文字，比如阅读时常常省略不认识的字，或者以自己认识的其他字代替，或者是过于依赖自己预测的或记得的字而不是书上所写的字，最后过渡到独立阅读。随着年龄的增长，幼儿阅读能力逐渐成熟，而这一成熟过程是受阅读兴趣和阅读频率的影响而发展的。我们都知道，除了最纯粹的无字图画书外，绝大部分的图画书是配以文字的。需要注意的是，那些文字不是给孩子读，而是给父母读的，让父母读给孩子们听。这样，还不会认字的孩子就能通过听觉来理解图画书，通过父母的讲述来认识图画书。总的来说，图画书是儿童通过父母的讲述和自己的图像观察来接触的最初的文学。

为什么图画书在儿童成长的历程中特别重要？因为图画书对于儿童的认知和情感发展具有特别的作用：它可以帮助孩子在情境中学习词汇。

　　我认为，四到七岁是阅读图画书的核心年龄。年龄太小，大部分复杂的图画书还理解不了；年龄太大，图画书中过于直接的表达、简短的篇幅又满足不了孩子的发展需求，他们的兴趣会转到语言和故事结构更为复杂的文字图书上。很多父母会认为孩子认字是需要一个字、一个字去教的，其实不是这样。比如很多时候，儿童在跟爸爸妈妈逛街的过程中就学会认字了，因为有特别的情境。图画书也提供了一种特别的情境。很多孩子都是在亲子不断共读的过程中开始认字的。有了图画和图形，孩子很容易记忆文字。同一本书，父母给孩子讲过几次之后，一旦讲错了，很多孩子都会敏锐地指出来："你说错了，书上不是这么说的。"其实孩子还不识字，只是在父母讲图画书的时候，他们把发音和文字一一对应了起来。文字就这样变成了图形刻在了孩子的心里。父母和教师经常会发现孩子容易把字形看起来差不多的文字念错，这种现象也说明了这个问题。

　　图画书对孩子具体有什么影响呢？儿童阅读推广

人、我们新阅读研究所的义工徐美玲老师在她的《阅读的秘密》一书中谈到了图画书的意义。第一，发展语言能力。研究发现，每周在幼儿园听故事的孩子与没有听故事的孩子相比，讲故事时语言更丰富，故事情节会更加复杂。在图画书的帮助下，幼儿可以很好地理解语言和故事。可见通过图画书阅读，可以提高孩子的语言表达能力。第二，发展心智，激发孩子的想象力。有父母经常给读故事的孩子和没有人给读故事的孩子相比，心智发展得更好、更快，因为故事中总会有主人公的想法、期望、目标、愿望等，这在一定程度上能够引发孩子出现类似的反应。另外，图画书文字较少，当孩子在欣赏插图的时候，其想象力也得到了很大的发展，因为孩子需要将自己看到的内容在脑海中连贯成有趣的故事。第三，为孩子接触视觉艺术提供高性价比的机会。图画书中的插图涉及多种艺术表现手法和表现风格，彩铅、水彩、蜡笔等提供了丰富多彩的画面效果，作者可以通过写实、夸张、抽象等表现风格将自己的意图传递给读者。第四，读懂图画，发展视觉文化素养。美国著名未来学家、社会思想家阿尔文·托夫勒在他的未来学著作《第三次浪潮》中指出，人类社会正在孕育三种文盲：文字化文盲、计算机文化文盲和视觉文化文盲。父母陪孩子阅读图画书的时候，可以通过分析图画的表现方式来发展孩子的视觉素养。

对于成年人来说，图画书有哪些特别的力量？第一，帮助人们关注生命。台湾学者林文宝先生认为：图画书了不起的地方在于，它总能用清浅率真的语言去面对原本深奥的问题，而它饱满的情感和用生命最初的纯粹对待世事人生的态度，也总能让人满心感动。就算你正在遭遇人生中的黑暗时刻，也能从图画书中获得希望和勇气。第二，帮助人们温暖心灵。在情绪低落或者年老多病的时候，读图画书能温暖心灵、缓解情绪，让我们重新找回生活的趣味。儿童文学作家、浙江师范大学副教授常立先生说："有的图画书可以在一瞬之间把大人带回童年，变回孩子，去重新体验儿时的神秘、欣喜、疑惑与恐惧。更重要地，当大人从童年回返时，不再是之前的那个在成人世界中挣扎、焦虑、身心俱疲的大人，而是带回了来自童年的力量，如此温柔，又如此有力。"第三，帮助人们亲子互动。儿童的生活环境受到电视、手机、互联网等媒体的侵扰，而图画书能提供一个亲子共享的、大人和儿童互动的世界。也能够帮助父母把孩子从电子产品前拉开，让他们捧起书籍。柳田邦男说："要想让孩子读图画书，大人一定要先读；只有当大人从图画书中获得喜悦和共鸣时，才会将这样的心情带给孩子，并通过图画书，深入孩子的内心世界。"

从图画书爱上阅读，其实不管孩子还是大人，我们都会被一本优秀的图画书吸引和打动。

如何跟孩子一起读图画书

日本纪实文学作家柳田邦男在《感动大人的图画书》里说，人的一生应该有三次读图画书的机会，第一次是自己是孩子的时候，第二次是自己养育孩子的时候，第三次是自己进入人生后半期的时候。这三次机会分别发生在童年、青年和老年。柳田邦男就是在人生后半期发现了图画书的意义。在他57岁的时候，他的小儿子去世了，他沉浸在丧子之痛中难以自拔。有一天他偶然在书店看到根据宫泽贤治的童话《风又三郎》改编的图画书，通过这本书，他发现了"图画书中不逊于小说的直抵内心的力量"。从此，已过天命之年的柳田邦男成了图画书迷，一直致力于推广大人也要读图画书。

如何跟孩子一起读图画书？柳田邦男认为，与孩子读图画书的父母必须要自己提前读一遍，在从图画书里得到快乐和共鸣之后，才会进入孩子的内心世界，将幸福快乐的心情带给孩子。我也有一些观点要补充给大家。我觉得不一定非要大人先读，同时读，相当于和孩子一起走进图画书描绘的陌生未知的世界，同样可以建立紧密的亲子共读、情感互动关系。

读图画书的方法也有很多。我们可以先将文字拿掉，陪着孩子看图，然后让孩子对着图画讲出书中的故事，可以训练孩子看图说话的能力，锻炼孩子的思维，训练孩子根据图画组织语言的能力。比如阿甲老师的"绘本阅读十字诀"（又叫"图画书阅读十法"），按照不同的动作分为三部分。第一部分，动嘴篇，包含"唱、念、说"三诀。唱，就是将绘本上的内容唱出来，可以找一些根据绘本创作的童谣，然后在看图画书的时候唱给孩子听。阿甲老师就曾经用民国流传下来的曲调唱诵了《花木兰》。图画书像《棕色的熊、棕色的熊，你在看什么？》也是能唱的。念，就是大声朗读。需要注意的是，父母在念之前一定要提前了解绘本上的故事，这样才能在念的时候不破坏作者的意境，念出故事应有的感觉。说，指的是说话的时机，要在恰当的时候说，不能破坏孩子阅读的连续性和乐趣。第二部分，动手篇，包含"做、画、演、吃"四诀。做，就是做游戏，把绘本中可以互动的部分当成游戏。读《拔萝卜》，可以模拟拔一下萝卜；读《小黑鱼》，可以玩抢凳子游戏；读

《一园青菜成了精》，可以两拨人玩打仗追逐游戏。画，是让孩子尝试着根据故事画画，不管是照着绘本画还是自由发挥，主要是锻炼孩子的想象力和创造力。有一些绘本本身带有画画攻略，可以带着孩子一起做。演，是按照角色和剧情来表演，让孩子理解故事，把自己变成故事的一部分。吃，可以按照绘本上的菜谱、食物做小料理，全家人一起尝一尝。第三部分，动脑篇，包含"破、聊、想"，是十诀中的最后三诀。破，指的是破景、破迷、破它背后藏着什么。可引导孩子去发现绘本中的小机关和故事里的小秘密，让孩子以一种"解密""破局"的方式去看绘本。比如《蚂蚁和西瓜》这本书，在其中每一页都有一个戴帽子的蚂蚁，这是阿甲老师的女儿发现的，孩子在里面发现无穷乐趣，一本书整整看了一个月。聊，有一些绘本充满了生活中的知识，父母可以多跟孩子聊一聊，父母可以事先做一点功课，把书外的相关知识介绍给孩子。想，是最后一诀，在剧情丰富的地方可让孩子想象后续情节，支持他们去续写故事，是非常锻炼思维的机会。

　　总之就是"教无定法"，只要能够调动孩子阅读和学习的兴趣，激发探索的欲望，就是一种合适的方式和方法。

如何让孩子放下手机捧起书籍

　　什么样的孩子会被手机和电脑迷住？就是没人陪的孩子。因为没人陪，孩子只能自己去找乐趣。如何让孩子放下手机？方法很简单，成本也很低，实操性很强，那就是阅读，亲子共读。亲子共读首先就是父母给孩子讲故事。我们没有见过不爱听故事的孩子，尤其是爸爸妈妈给自己讲故事。如果父母给孩子的第一个印象、第一个习惯，是父母陪着自己，给自己讲故事，孩子怎么会沉迷于手机、电脑呢？

　　苏霍姆林斯基说："在童年时代，一天犹如一年，而一年则遥远无期。我一向认为，要进入童年这个神秘之宫的大门，就必须在某种程度上使自己变成孩子，只有在这种情况下，孩子们才不会把您当成一个偶然闯入他们那个童话世界大门的人，一个守卫着他们的童话世界，却对这个世界里所发生的一切漠不关心的守门人。"只有成为孩子、理解孩子，才能真正地走近孩子。亲子共读，是最好的方法。亲子共读能帮助我们和孩子创造共同的语言和密码。比如一起读过《猜猜我有多爱你》，就能一起加入大兔子和小兔子的比赛，比手画脚地指着星星，指着月亮，或者创造我们自己的方式互相表达爱意。一起读过《皮特猫》系列，就能一起大声唱"我爱我的脏鞋子"，能一起说"皮特猫哭了吗？不，他才不哭呢！"给自己加油打气。

生活在不同的语言里，就是生活在不同的世界上。不少家庭貌合神离，看起来是住在一个屋檐下，但是精神上却没有真正走到一起，几乎要成了一个屋檐下的陌生人。共读一本书，一直一起读书，就是积累一个家庭的共同话题，构建属于一个家庭的语言和密码。有了共同的语言和密码，就是真正地生活在一起。

有一次，在山东淄博召开的"新教育年会"上，一个企业家讲了自己的故事，让我很感动。他说："新教育的理念就是要求亲子共读。孩子的老师要求我们每天晚上必须要给孩子讲故事，以前我晚上不到11点不回家，自从我的孩子到了常老师的班以后，我每天晚上8点必须回家。干什么？讲故事给孩子听。"美国心理学家威廉·詹姆斯说，幼儿时期是一个"繁花似锦、匆忙而迷乱的时期"。在这个时期，我们不仅仅要关注孩子的衣食冷暖，更要关注孩子的精神成长，让他们认识周围世界的好奇心得到满足。当我们这样去满足孩子的好奇心和求知欲的时候，当我们去陪伴着他们探索世界的时候，他们对电子产品的欲望自然就降低了。

父母是孩子的第一任教师，推动世界的手就是摇篮的手。我不止一次说过，现在的父母大部分是"无照上岗"，这与没有经过驾驶训练的司机就匆匆上路没有多大区别，而且危险性更大——因为儿童的早期教育是决定人的一生发展的关键。让父母重视幼儿的精神成长，让父母意识到幼儿阅读的重要性，让父母学会怎样给孩子选书、读书，在这些父母需要的时候，提供有效帮助，这是目前阅读推广工作的一个重要方面，也是我们做"阅读地图"、做新父母学堂的基本用意。

好的儿童阅读书目，对培养阅读兴趣、形成全面而合理的阅读结构具有重要的指导意义。只有在早期接触到那些美好的童书，儿童才能够真正热爱阅读。如何为孩子选好书，让孩子捧起书？除了参考我们推出的"中国小学生基础阅读书目"，还可以从以下几个方面调整。

1.营造阅读环境

环境的影响对人是潜移默化的。小孩子阅读，不只是递给他一本书这么简单，环境至关重要。如果一个家里除了手机、电脑、电视、游戏机，再也找不出其他能获取信息的工具，孩子会不可避免地沉迷游戏和娱乐。一个好的阅读环境，是培养孩子阅读的基础，也是改变孩子不良习惯的契机。

美国阅读专家斯蒂芬·克拉生在《阅读的力量》这本书里讲过，提升阅读兴趣最好的办法，就是制造与书接触的机会。有人说，你可以牵马去水边，但不能强迫它去喝水。可是，我们得确定哪儿有水。马儿到了水边，终究是会喝水的。所以，当环境中充满书籍的时候，阅读就很容易发生。家中是否有充满书籍的环境和孩子的阅读量有很大的关系。

调查显示，许多中国家庭环境的布置不利于早期阅读的开展，有意识地为孩子准备书房、书橱和书桌的家庭比例不到3%！看看家里的环境和设计，可以问自己几个问题：是否给孩子提供了足够多的书？家里是否有阅读区域？孩子是否可以触手可及拿到图书？

这些问题的答案，就是打造阅读环境的关键环节。如果条件允许，可以在家里划出一部分区域做阅读角。你也可以邀请孩子一起布置这个阅读角，看看怎么布置更舒适。也可以以地毯划分区域，将阅读角和其他空间区别出来。尽量在阅读角放个小书柜，或者用几块隔板直接将墙面打造成书架，将阅读角变成一个微型图书馆，增加它的功能性。最重要的是，父母购入书籍后，根据孩子的年龄和兴趣，将适合孩子的书放在能够引起注意和轻易拿到的地方。当阅读角设计完成，不必去强制孩子看书，只要把书摆在那里，用封面去引起孩子的好奇心。这样坚持一段时间，孩子就会主动去阅读的。或者你带着孩子一起，无论是亲子共读，还是你读你的，他翻他的，都是很好的事情。阅读在最开始的时候通常是一个非常即兴和偶然的动作，而且随时能看到书的环境，对每个家庭成员都有积极的影响。

2.树立阅读榜样

父母热爱读书，有读书的习惯，是阅读环境中至关重要的一部分。一个拥有很多书籍，然而大人却只关注手机和电脑的家庭，并不会对孩子的阅读产生积极的影响，就像很多人家里有书房，但是孩子依旧不喜欢读书一样。

读书带来的力量和冲击是任何方式都无法媲美的。如果父母本身对阅读不感兴趣，可以先通过听书软件，与孩子一起去了解有关书籍的知识。与孩子共同听书，相当于父母和子女同步学习，同步成长，此时双方的位置平等，父母更像是孩子的朋友，都是从聆听到阅读，一点点地培养起自己的兴趣，让孩子不排斥读书和学习，家庭关系也会更加和谐。

总的来说，大人的以身作则比任何说教都有效。

3.多带孩子去图书馆、博物馆

孩子的好奇心和求知欲是世界发展的源动力，多带孩子去图书馆了解、接触不同的历史文化。在交流时多讨论和书籍相关的问题，为了找到答案，孩子会主动读书，主动学习。

4.制订家庭共读计划

假如父母和孩子每天在一起阅读半小时，听起来是不是非常容易做到？那坚持下去呢？如果每天坚持家庭共读30分钟，按照一年算下来就是182.5小时。执行家庭共读最有效的方法是：约定共读的时间，每天晚上讲书。如果实在太忙，也可以选择每个周末固定的时间，带孩子阅读。当孩子长大一些，到了小学，可以定期交流和讨论，可以在每个月确定一个家庭讨论日，就共读的书籍或者社会热点进行讨论，分享想法和看事情的角度，让家庭阅读和学习的氛围更加积极。

共读不仅能鼓励孩子学习，更重要的是改善家庭关系，修复大人与孩子间的不理解，做到互相尊重、互相体谅，让每个家庭成员感受一种完整的教育生活。可以这样说，恢复共读传统，在某种意义上可以被视作改良教育的突破口。

教育是唤醒，每一个生命都是一粒神奇的种子，蕴藏着不为人知的神秘，而阅读能够唤醒蕴藏着的美好与神奇。在这样的不断给予、反复唤醒中，孩子心灵深处那些与生俱来的真、善、美的种子，得到充分滋养，最终悄然萌芽。

如何让孩子放下手机，拿起书籍——很简单，亲子共读！具体的动作就是，大家读完这篇文章之后，就拿起一本书，给孩子讲完一个故事，那我们的亲子共读就扬帆起航了。后续就是制订一个计划，以每天或每周为周期，在固定的时间，带孩子进行阅读。有条件的朋友，还可以带着孩子在家里做一个阅读角，营造一个阅读的氛围。

为什么选书很重要

　　我们说，现在人类进入了信息大爆炸的时代。我国每年出版的中文图书就不下40万种。我国每年出版的童书新书约4万种，已有的畅销书还有数千种，要从几十万种图书中挑选出适合各年龄段孩子阅读的书，是一个非常庞大而复杂的工作。

　　有人说，阅读是很个性化的事情，每个孩子都有自己的兴趣所在，不是一份书目可以包办的。为什么要指定孩子读什么书呢？我想说的是，在孩子积累了一定的阅读量，形成了自己的审美情趣和基本价值观之后，就会自主地寻找适合自己的书。但最初的时候，孩子没有自主选择能力，你给他什么他就读什么，你带向哪里他就走向哪里。就像人的胃口，吃垃圾食品，就形成了垃圾食品的胃口；吃惯了好的东西，就形成了好的胃口。因此，为儿童选择图书重要的是从积极的角度进行，将儿童阅读引领向积极的方向，这也是我们新教育人经常说的一句话：把最美好的东西给最美丽的童年。

我倡导和推进新教育实验，目前全国已经有8,300多所中小学在实践新教育实验的理念。新教育的儿童课程"毛虫与蝴蝶"项目的核心就是儿童阶梯阅读。儿童阶梯阅读有以下这样几个理念。

第一，童年是一段由浪漫到精确、由"粉红"到"天蓝"的彩色阶梯。阅读在人的童年是一个阶梯式的、逐步过渡的过程。在最初的粉红色的阶段，阅读是以儿歌、童谣为主；到了三四年级的时候，阅读则表现为大声朗读、复述故事、默读等形式；到了高年级，就要开展主题阅读。

第二，为每一个儿童寻找到此时此刻最适合的书。过去我们一直讲阅读的重要性，但是究竟什么样的人应该读什么样的书，在人的每个不同的发展阶段应该读什么，是非常值得我们教育工作者去研究的事情。我们新教育实验团队曾专门做了一个"儿童文学书包"，为小学的孩子们精选了36本书。通过一本本童书，通过一个个具体的形象，编织成一张美丽的网，呵护着孩子们，让他们在漫长的人生旅途中保持纯真、快乐和勇气。

第三，共读、共写、共同生活。孩子们的阅读不仅仅是孩子们的事情，他们应该与父母、教师一起阅读。

只有共读、共写，才能拥有真正意义上的共同生活。通过共读，父母和孩子、教师和孩子才能拥有共同的语言密码。

这就是为孩子们选书的价值所在，这也是我坚持给孩子们选书的原因。给孩子们选书，其实我在20世纪90年代就开始了。在1999年，我就研制了一套"新世纪教育文库"，为小学生、中学生、大学生、教师各选了100种图书。2000年发起新教育实验之后，我们又专门成立了新阅读研究所来做这件事，做了很多年，逐步形成了一些自己的理念，并取得了一些成果。

其实，选书历来是一个技术活。孔子最早开始选书的工作，他亲自整理、编订了六部先秦古籍，即《诗经》《尚书》《仪礼》《乐经》《周易》《春秋》，其中《乐经》已失传，所以后世通常称"五经"。

中国也是个特别重视书目的国家，开列推荐阅读书目，古已有之。早在西汉的时候，学者刘向就编撰了《别录》，这也是"目录"一词最早的出处。从汉代开始，历史书都有"艺文志"，会将当时流通的图书做出目录，记录下来。后来有一些私人藏书馆和学者也编过很多书目，其中最为著名的就是张之洞的《书目答问》。

2011年4月21日，"中国小学生基础阅读书目"在国家图书馆正式发布。我们把小学分成了低年级、中年级、高年级三个学段。每个学段推荐基础阅读书目10本，最后形成30本小学生基础阅读书目。另外提供了一份70种推荐阅读书目，供小学生选择阅读。在完成"中国小学生基础阅读书目"后不久，新阅读研究所就开始组织专家团队，着手进行"中国幼儿基础阅读书目"的研制。经过一年的努力，项目组终于拿出了一份苦心研制、修改无数次的书目。我当时说，希望它能够为孩子们的心灵成长提供一张基础的阅读地图。这些年我们也一直在修订，还和中国人民大学出版社合作，出版了"中国人阅读书目导赏手册"系列。现在，我们研制的大学生、教师、父母、企业家、公务员的书目等，也都全面完成。我希望在这些书目基础之上，最终真正形成"中国人基础阅读书目"100种，成为我们每个家庭的基本藏书。这里讲一下我们选书的思路。

1."中国幼儿基础阅读书目"的基本理念

在孩子出生后最初的几年里，除了乳汁、玩具之外，我们还要给他们什么？犹太人的做法是，在书上滴一点蜂蜜，让婴儿爬过去舔，以此告诉孩子"书本是甜的"。英国人的"起跑线"计划是给每个刚出生的婴儿送"阅读包"，包括几本儿童图书和图书馆的借阅证。

新加坡人的做法是，医院护士必须告诉产妇一个重要事项："读书给婴儿听"。那么，中国的婴幼儿又要读什么书呢？这就是"中国幼儿基础阅读书目"可以帮助大家的。

我曾经说过，童年的秘密远远没有被发现，童书的价值远远没有被认识。对于幼儿阶段的孩子来说，这两句话不仅同样适合，也许更为迫切。当我们习惯将幼儿园的教育称为"学前"教育时，惯性思维往往会让我们忽视了其实从出生开始，儿童就已经在学习，而且在一定意义上，小学以前的学习更加重要。

有些父母和幼儿教师会这样认为：让孩子先学会识字，等他们识字量达到一定程度后，就可以放手让孩子自主阅读，这样大人就可以节省大量的时间和精力。事实上，了解识字规律的人都知道，靠机械记忆识字本身是很枯燥而低效的，只有将单个文字放到有意义的文本中，孩子的理解才会更有效。就像杜威所说："如果试图仅以文字来给出意义，而没有与事物发生交往，就会使文字失去可以理解的含义。"事实上，根据我们的教育经验，孩子通过与父母共读，在充满趣味和意义的阅读中，识字是一个必然的结果，是一个一定会获得的本领。在幼儿阶段，儿童是把文字作为图画，自然而然地认识和记住的。所以根据各年龄孩子生理、心理发展的不同特征，我们也给孩子推荐了不同题材、不同载体的图画书来进行阅读。比如0~3岁，可以给孩子读一读纸板书《好饿的毛毛虫》。3~5岁的孩子可以读故事情节强或是韵律感强的图画书，进一步培养阅读兴趣。比如根据我们中国北方童谣改编的《一园青菜成了精》。5岁之后，孩子可以读一些内容更深一些的图画书，也要注意向桥梁书和科普书靠近。

2. "中国小学生基础阅读书目"的基本理念

早期的经验对儿童的成长非常重要。一个人真正的精神饥饿感，只有在中小学阶段才能够形成。对于人的精神成长而言，学校教育就相当于母乳。母乳营养丰富，很安全，很容易消化吸收。学校把人类最重要的知识，用比较科学的方式整合成为适合儿童接受的形式和内容，在比较短的时间内让学生掌握，也是营养最丰富、最容易消化吸收的。但是，学校教育和教科书、教辅书不可能替代儿童成长的精神食粮，就像母乳不可能伴随孩子终身。六个月以后的孩子，光靠母乳，一定会发育不良。孩子需要自己的精神食粮，精神的成长依赖于不断阅读适合年龄发展的优秀作品。所以我认为，在各个人群的基础书目中，小学生的基础阅读书目最为重要，这也是我们最先研制小学生基础阅读书目的原因。

我们选书的核心标准或者说我们小学生基础阅读书目研制的基本理念，主要有六条。

第一，关注作品所体现的核心价值观，即人们普遍认同的、最简练、最核心的价值——真、善、美。书目的品类主要是文学、科学、人文三大类。文学作品更多地凸显了"美"的方面；科学作品更多地凸显了"真"的方面；人文作品更多地凸显了"善"的方面。对"真""善""美"的认知和追求，是每个民族在生活实践中的基本度量衡，也是每个人成长中具有基础性意义的"立人"之本。具体来说，我们又从人与自我、人与家庭、人与社会、人与国家、人与自然、人与世界、人与历史、人与未来八个维度进行分析、取舍。第二，既尊重孩子的兴趣，又强调书目的引导性。第三，既尊重市场的选择，又强调作品的经典性。第四，既关注作品的趣味性，又关注作品中的形而上的思考。第五，既突出本民族的文化传统，又强调孩子作为世界公民所具有的现代观念。第六，既关注小学阶段的年龄特点，又考虑与学前、初中阶段的阅读衔接。

3."中国中学生基础阅读书目"的基本理念

我们还研制了"中国中学生基础阅读书目"，这里我不谈具体的书目，而是说说中学生应该读什么样的书，也就是我们给中学生选书的理念。

一本适合中学生阅读的课外书，应该是一本雅俗共赏、有用、正派、成一家之言、常读常新的书。雅俗共赏的重点在于俗，一定要通俗。当然，通俗不是缺乏诚实态度的庸俗，也不是没有专业品质的庸俗。庸俗的书对孩子的阅读和学习没有任何好处。有用，当然不是为了考试，为了分数等"一时之用"。在我看来，有用的书能够打开中学生的视野，帮助青少年阶段的孩子推开一扇窗看到一片风景，有助于中学生人生观的建设。正派，一本"正派的"书，字里行间，都能看到"诚实"在跳动。正派诚实的书，才是中学生适合阅读的书。最后是常读常新，随着中学生人生阅历的增长、知识背景的拓展，他们会在这本书当中看到不同阶段的自己。这样的书，就是常读常新的书，是久读不厌的书，是能够陪伴着他们去成长的书。

2020年，教育部也给中小学生推荐了一份书单，是教育部基础教育课程教材发展中心历时一年研制的。其中，小学110种，初中100种，高中90种，一共涉及三百种图书，分为人文社科、文学、自然科学和艺术四大类。我一直认为，制约全民阅读水平的一个原因是没有全社会基本认同的基础书目。很高兴，我们已经迈开了新的一步，我们现在有了这样的书目。相信在社会各界的共同努力下，全民读书的数量和质量都会越来越高！

叔本华曾说："读好书的前提是不读坏书。"推荐阅读书目就是指引我们读好书的门径。

孩子是天生的诗人

先请大家读一读一位6岁小朋友的一首儿童诗，诗的名字叫《光在哪里》。

你没有摸到过光

当然我也没有

但是彩虹出现的时候

我们知道光正从天空走过

我没有摸到过光

当然你也没有

但是晒被子的时候

我们知道光来散步了

你没有摸到过光

我也没有摸到过光

但是走路看到影子的时候

我们知道光就跟在我们身后

大家一定会觉得，这位小朋友很了不起，能够写出如此富有想象力的诗歌。但是，如果你读了叶圣陶先生的这首诗，你就会觉得，刚刚这首诗在你心中的分量小了不少了，因为它其实是模仿的，是我的小孙子仿照下面这首诗而写的。

风

叶圣陶

谁也没有看见过风，
不用说我和你了，
但是树叶颤动的时候，
我们知道风在那儿了。
谁也没有看见过风，
不用说我和你了，
但是林木点头的时候，
我们知道风正走过了。
谁也没有看见过风，
不用说我和你了，
但是河水起波的时候，
我们知道风来游戏了。

仿写，本来就是儿童学习诗歌的基础。其实，儿童是离诗歌最近的人。儿童的语言，最接近诗的语言。正如著名儿童诗作家金波曾经说过的那样："儿童是天生的诗人"。儿童几乎不需要太多的学习，就能够说出富有韵律、充满想象力的句子，草木飞禽，云雾雨雪，世间万物，在儿童的眼里都是诗意盎然的。

如何让儿童爱上读诗歌？

我们知道，诗歌，是用高度凝练的语言抒情言志，生动形象地表达作者的丰富情感，集中反映社会生活并具有一定节奏和韵律的文学体裁。为什么无论古今中外，每个文化都在致力于让儿童阅读诗歌呢？我想，"不学诗，无以言"，孔子的这句话，将诗歌的重要性说到了极致。

1. 学习诗歌有助于帮助儿童发展语言能力

真正的诗歌，当然超越了一般的儿童语言。有人称诗歌是"艺术中的艺术，文学中的文学"，原因之一就是诗歌语言之美。诗歌的语言精练、含蓄，富有韵律感、想象力和感染力，好记好学，便于吟诵传唱。因为儿童语言发展的难度远远低于发展音乐、绘画等其他技能的难度，儿童从诗歌诵读中所获得的滋养，从语言发展中所获得的提升是全面又持久的。大量的相关调查已经显示，丰富词汇量是促进儿童智力发育的重要原因。无论是简洁的童谣童诗、精美的唐诗宋词，还是现代诗、散文诗，从表达方式而言，它们都提供着极其丰富的词汇，除此之外还提供着极具个性的表达。学习诗歌自然也是积累词汇、淬炼语言的最重要、最有效的方式。正如金波老师所说："培养儿童热爱母语的思想感情，享受语言的美，创造语言的美，最好从读诗、写诗开始。"

2.学习诗歌有助于激发儿童的创造性想象

皮亚杰认为，儿童的潜意识中具有一种万物有灵的倾向，他们认为人以外的一切自然存在，如动植物、江河、山脉、日月星辰，都像人一样有思想、有感情，他们对很多问题都具有自己独特的见解。所以，儿童的想象力本来就是他们的灵性的组成部分。

相比于其他文学体裁，诗歌的想象力和创造性十分突出。充满想象力的诗歌可以把孩子带进一个真实又奇幻的世界。我们不妨看看李白的诗：

日照香炉生紫烟，遥看瀑布挂前川。

飞流直下三千尺，疑是银河落九天。

这是李白的《望庐山瀑布》，我们都看过庐山的瀑布，只有到了李白的笔下，瀑布才能够与地上的香炉、天上的银河挂起钩来，才被描绘得如此淋漓尽致。再看一首他的《夜宿山寺》：

> 危楼高百尺，手可摘星辰。
> 不敢高声语，恐惊天上人。

建在山上的寺庙，再高也是离天上的星辰很遥远的。但是，在诗人的眼里，在山顶似乎就可以摘取天上的星星，而且寺庙里的谈话也能够被天上的人听见。如此夸张的表现手法，没有惊人的想象力是不可能做到的。

此外，月下独酌时，李白可以将月亮和自己的影子想象成自己最亲密的朋友，写下了"举杯邀明月，对影成三人"的不朽诗篇。

的确，诗歌中蕴含的想象力和创造性与儿童思维和语言的发展需要是完全匹配的。我们可以用诗歌点燃、唤醒儿童的灵性，让孩子无穷无尽地发挥想象力，培养孩子们的创造性品质，进而为日后创新打下基础。

3.学习诗歌可帮助儿童亲近中华优秀传统文化

中国是诗歌的国度。诗歌，是最能体现中国人精神世界、情感世界的一种表达方式。林语堂在《吾国与吾民》一书中说："诗歌教会了中国人一种生活观念，通过谚语和诗卷深切地渗入社会，给予他们一种悲天悯人的意识，使他们对大自然寄予无限的深情，并用一种艺术的眼光来看待人生。诗歌通过对大自然的感情，医治人们心灵的创痛；诗歌通过享受简朴生活的教育，为中国文明保持了圣洁的理想。"

诗歌在中国，已经超过了其他文学体裁，对中国人的生活方式、生活态度产生了重要影响。虽然我们不能说学会了诗歌就掌握了中国文化，但诗歌中承载的文化含量之重是毋庸置疑的。我们完全可以说，一部诗歌史也是一部丰富、凝练的中国文化史、中华文明史。正如林语堂认为的那样，诗歌在中国很大程度上已经代替了宗教的作用，成为人们生活中的"一种灵感，一种活跃着的情绪"。

4.学习诗歌可帮助儿童拥有诗意人生

儿童的"诗性"是生命灵性的一种展现。诗歌不仅在语言之美、意境之美和音韵之美上超过了其他文学体裁，同时，经典诗歌擅长用鲜活的意象、丰沛的情感帮助读者超越生活，把读者带入感同身受的另一种境界。儿童在读诗中感悟思考到的哲理，将在漫长的人生岁月中逐渐清晰。让儿童在人生起步的时光里就与美好的诗歌以正确的方式相遇，不仅会在儿童心中播下诗意的种子，而且会在潜移默化中培养儿童的语言、想象、审美等多种能力的发展。

如何为孩子读童谣和儿歌

　　童谣和儿歌，是以低幼儿童为主要接受对象的简短诗歌，是儿童文学最古老也是最基本的体裁形式之一。童谣、儿歌往往是民间口耳相传、集体创作的作品，人类在没有发明文字之前，就会用童谣、儿歌来哺育孩子了。妈妈、奶奶哼唱的摇篮曲，就是婴儿享受的第一份文学美餐。

　　童谣和儿歌的特点之一就是内容浅显易懂，富有韵律，读起来朗朗上口。此外，童谣、儿歌能够把知识或生活常识等内容隐藏在生动的形象里，滑稽可爱，富有情趣，特别能够激发低年龄段儿童的诵读兴趣，有助于培养儿童的语感和表达能力，对培养孩子的好奇心、观察力，开启孩子的智慧有着不可替代的作用。

　　我国的童谣、儿歌资源非常丰富，金波先生曾经收集整理了十卷本的《中国传统童谣书系》，其中就包括了多种深受儿童喜爱的童谣、儿歌，如摇篮曲、游戏歌、数数歌、问答歌、连锁调、绕口令、颠倒歌、字头歌和谜语歌等。

1. 摇篮曲

摇篮曲也称摇篮歌、催眠曲，是一种主要由母亲、祖母或其他亲人、保姆等吟唱给婴幼儿听的，用于催眠、教话、认物的简短童谣，如大家耳熟能详的《摇啊摇，摇到外婆桥》：

　　　　摇啊摇，摇到外婆桥
　　　　外婆叫我好宝宝
　　　　糖一包，果一包
　　　　外婆买条鱼来烧
　　　　头勿熟，尾巴焦
　　　　盛在碗里吱吱叫
　　　　吃到肚子里呼呼跳

2. 游戏歌

游戏歌是儿童在做游戏时，伴随着一定的游戏动作而吟唱的童谣。如白冰老师的《荡秋千》：

　　　　小姑娘，荡秋千，一荡荡到云里边。摘朵白云当裙子，摘朵红云当披肩。摘朵黑云做什么？做双皮鞋给你穿。

再如《搭积木》：

　　大积木，红黄蓝，小宝宝，最爱玩。搭火车，钻山洞，盖高楼，连着天。

一边游戏，一边念着游戏歌，增添许多乐趣。

　　3.数数歌

　　数数歌，是以适合儿童形象思维的特点，运用手指和其他物品协助的形式巧妙地训练儿童数数能力的童谣。最为人熟知的可能就是这首《一二三四五》：

　　一二三四五，上山找老虎。
　　老虎没找到，找到小松鼠。
　　松鼠有几只，我来数一数。
　　数来又数去，一二三四五。

另外还有一首《一二三》：

一二三，爬上山，

四五六，翻跟头，

七八九，拍皮球，

张开两只手，十个手指头。

数数歌的特点是变数字为形象，化抽象为具体，有助于帮助孩子建立数字的概念。

4.问答歌

问答歌是童谣、儿歌常见的基本形式，主要采取一问一答或连问连答的形式来叙述事物、反映生活。例如，有两首关于动物的问答歌，一首是关于各种动物的笑声的《笑》：

小鸡怎么笑？叽叽叽！

鸭子怎么笑？嘎嘎嘎！

青蛙怎么笑？呱呱呱！

娃娃怎么笑？哈哈哈！

再如朱晋杰创作的《什么好》：

什么好？公鸡好，公鸡喔喔起得早。

什么好？小鸭好，小鸭嘎嘎爱洗澡。

什么好？小羊好，小羊细细吃青草。

什么好？小兔好，小兔玩耍不吵闹。

问答歌的特点就在问与答。问答的参与感、游戏性更强，能够引起儿童对各种事物的注意，帮助他们认识理解周围的世界。

5.绕口令

绕口令，又称急口令、吃口令、拗口令等，是一种民间传统的语言游戏，将声母、韵母或声调极易混同的字组成反复、重叠、绕口、拗口的句子，要求一口气急速念出。作为童谣、儿歌的绕口令，内容和文字相对简单一些，可以训练儿童的发音。如《四和十》：

四是四，十是十；要想说对四，舌头碰牙齿；要想说对十，舌头别伸直；要想说对四和十，多多练习十和四。

绕口令比较绕弯、咬嘴，又要求读得快，对于孩子熟练掌握声母、韵母和声调具有一定意义。

6.颠倒歌

颠倒歌，也称滑稽歌、古怪歌或倒唱歌，指正话反说，故意把事物的本来面目颠倒过来叙述的童谣、儿歌。如流传在山东单县的颠倒歌：

吃牛奶，喝面包，夹着火车上皮包；东西街，南北走，出门看见人咬狗；拿起狗来砸砖头，又怕砖头咬我手。

再如流行于河南的童谣《小槐树》：

小槐树，结樱桃，

杨柳树上结辣椒，

吹着鼓，打着号，

抬着大车拉着轿。

蚊子踢死驴，蚂蚁踩塌桥，

木头沉了底，石头水上漂……

在我主编的《新教育晨诵》一年级的上册，也专门有一章介绍颠倒歌，比如刘章先生撰写的《颠倒歌》：

黄昏后，做早操，看见老鼠抓个猫。狗吃草，马长角，吓得板凳满街跑。

这类儿歌幽默、滑稽，能够激发孩子学习语言的兴趣，同时有助于培养他们的批判性思维。

7.字头歌

字头歌是童谣、儿歌中的一种常见形式。一般每句最后一字完全相同，一韵到底，多以"子""头""儿""了"作为每句结尾。如有一首《小兔子逛铺子》：

小兔子，逛铺子，买了一双红袜子，两条蓝裤子，三件绿袍子，四条黄裙子，五件紫褂子，六床花被子。东西多，拿不动，急得兔子哭鼻子。

这首字头歌，帮助孩子学习了数字、颜色、物品等。也有两字相隔的字头歌，如《嘴和腿》：

嘴说腿，腿说嘴。
嘴说腿爱跑腿，腿说嘴爱卖嘴。
光动嘴不动腿，光动腿不动嘴，不如不长腿和嘴。

字头歌以其独特的句尾区别于其他类型童谣，把教育的意蕴藏在有趣的语言游戏之中，受到儿童的欢迎。

8.连锁调

连锁调，又称连珠体、连环体、连句、衔尾式，是一种运用顶针修辞手法结构全歌，将前句的结尾词语作为后句的开头，或前后句随韵黏合、逐句相连的传统童谣形式。

如金波创作的《野牵牛》：

野牵牛，爬高楼；

高楼高，爬树梢；

树梢长，爬东墙；

东墙滑，爬篱笆；

篱笆细，不敢爬；

躺在地上吹喇叭；

嘀嘀嗒！嘀嘀嗒！

连锁调的特点是随韵接合，易唱易记。作为一种语言游戏，连锁调对于儿童发现语言的变化规律、积极学习和运用语言有促进作用。

9.谜语歌

谜语，主要指暗射事物或文字等供人猜测的隐语，通过谜底与谜面间的某种联系来揭示事物的真相。谜语歌，就是以歌谣形式叙说现象或事物特征的儿歌。谜语歌对儿童来说是一种有益的智力游戏，既可以对儿童传授知识，又能够促进儿童分析、综合、推理、判断能力的发展，促进儿童记忆、想象、联想能力的提高，它的趣味性和挑战性强，深受孩子喜欢。

如关于手指的谜语歌：

我有十个小兄弟，五个五个在一起。它们同名不同姓，高高矮矮也不齐。

关于耳朵的：

左一片，右一片，你若说话听得见。因为隔着一座山，它们总是不见面。

关于皮球的：

拍一拍，它就跳，踢一踢，它就跑。任你拍，任你踢，不喊疼来也不叫。

除了以上所讲的几种童谣，中国古代的《三字经》《百家姓》《千字文》《声律启蒙》等，也可以归为童谣和儿歌类，因为它们有一个共同的特点，就是具有鲜明的音乐性，适宜诵唱。如《声律启蒙·一东》：

> 云对雨，雪对风，晚照对晴空。
> 来鸿对去雁，宿鸟对鸣虫。
> 三尺剑，六钧弓，岭北对江东。
> 人间清暑殿，天上广寒宫。
> 两岸晓烟杨柳绿，一园春雨杏花红。
> 两鬓风霜，途次早行之客。
> 一蓑烟雨，溪边晚钓之翁。

这是《声律启蒙》的开篇，可以感受到它的声调、音律、格律，都有非常严格的要求，它的编排是从单字对到双字对、三字对、五字对、七字对再到十字对，它按韵分编，声韵协调，内容包罗天文、地理、花木、鸟兽、人物、器物等的虚实应对。读起来朗朗上口，又有一种"已识乾坤大，犹怜草木青"的大气，让儿童在诵读的过程中得到语音、词汇、修辞的训练，也能帮助他们提升文学素养。我们的"中国人基础阅读书目"也推荐了《声律启蒙》。

家庭里的新教育晨诵

2007年，在山西运城召开的新教育年会上，我们正式推出了"晨诵、午读、暮省"的新教育儿童生活方式。总结此前新教育晨诵经验，借鉴不同流派的诵读技法，新教育晨诵开始以课程的形式在新教育学校广泛开展。2016年，我们第一次正式提出新教育晨诵的理论体系和操作纲要，并且出版了从幼儿园到高中的《新教育晨诵》系列教材26种，由安徽少年儿童出版社出版。

和传统早读相比，新教育晨诵有一个最大的特点：以人为中心。以人为中心，自然而然地，一切应该观照的是人，是生命本身。因此，新教育晨诵秉承"以人为中心"这一根本理念，以此为出发点，以诵读者为主体，以满足生命的渴求为目标，以满足生活的需求为目标，从而有了细节上的无数次调整。无论是结合不同情境的诵诗，还是对诗歌内容进行"编织"与"叩问"，无一不是以具体方法，细致入微地观照生命、观照心灵。在这样的晨诵中，诗歌诵读不再是从外向内的灌输，而是读者心灵与所读诗歌发生共振，是水乳交融的阅读。在这样的晨诵中，诵读诗歌不仅属于作者、属于过去，同时属于读者、属于现在。当读者发自内心地诵读一首诗歌时，这首诗歌就成为读者的再创造，就成为读者内心向外涌现的甘泉。

为了保障贯彻"以人为中心"，新教育晨诵课程研发坚持以下四条原则。一是吻合儿童的身心发展需求。一般来说，幼儿阶段的生活与环境、小学阶段的自我与世界、初中阶段的青春与友谊、高中阶段的理想与人生，分别是孩子不同发展时期所应关注的重点。新教育晨诵对诗歌内容的选择，是紧密围绕少年儿童在不同时期的心灵需求来进行的。二是吻合诗歌的学习特点。从儿歌、童谣到童诗，从五言到七言，从单一内涵到多重内涵，兼顾谜语诗、藏头诗等不同诗歌形式，注重诗歌的从易到难。新教育晨诵的内容选择，也遵循了诗歌自身的发展规律。三是吻合生活的情境变化。根据四季的转换、气候的改变、各类节日庆典等不同情境，安排主题与选择诗歌。新教育晨诵特别强调诗歌要与当下生活相得益彰。四是吻合学校的学习节律。未入学时的向往期、新入学的适应期、每年开学的激励期、毕业阶段的告别期等不同的学习时期，有着不同的教育主题，新教育晨诵也尽可能顺应这些不同的主题，从不同角度进行引导。

在内容的选材上，新教育晨诵课程特别注重三个方面。一是扎根传统，大力弘扬中华优秀传统文化，以现代教育理念精心选编《三字经》、《百家姓》、《千家诗》、《笠翁对韵》、《幼学琼林》、唐诗宋词、"四书五经"等传统蒙学的优秀成果。二是立足中国，以家乡山水、长江、黄河、民族等主题作为主要内容的不同课程，深刻展示祖国之美、家园之美。三是拥抱世界，全面而集中地展现不同国家、不同民族的文学精品，激荡全人类共通的思想与情感。

新教育晨诵的主要形式有日常诵诗和情境诵诗。

日常诵诗是指在一个相对固定的时间——通常选择在早晨，诵读一首诗歌。日常诵诗，并不是经典的简单堆积所形成的好诗大杂烩，而是经过反复挑选，按照不同年龄、不同主题精心编排的诗歌课程。

情境诵诗则是在特别的日子或者特别的场景，有针对性地选择一些诗歌进行诵读。比如母亲节、国庆节等节日时，诵读一些写给母亲、祖国的诗歌；汶川大地震发生后，选择一些悼念遇难同胞的诗歌；随着气候的变化，在不同的节气选择关于二十四节气的诗歌，等等。

对孩子而言，晨诵不需要愁眉苦脸地背诵，而是需要放松身心，融入诗歌之中，把诗里的欢乐、思念、伤感、奋进等一切情感，用声音读出来。

对父母而言，一切问题归根结底都是心灵的问题，都和教育有关。家庭教育最神奇之处在于随时随地都可以成为转折点，只要用心，当下就是最好的教育良机。新教育晨诵课程为孩子的精神成长搭建了坚实的阶梯，如果父母能够参与到晨诵之中，能够倾听孩子的心声，能够在节假日与孩子共同诵读，那么这些阶梯还将形成沟通父母与孩子心灵的桥梁，亲子沟通会更得心应手。

为什么故事对孩子很重要

美国思想家汉娜·阿伦特认为："特定的人类生命：其主要特点……就是它充满着最终可以当作故事来讲的事件……"我们可以想一想，当世界上还没有文字和书籍，人类是如何获得信息的？当远古先民想向同伴学习钻木取火的时候，是如何互相传授技能的？

法国学者莫纳科曾经归纳出四种人类传递信息、沟通交流、学习传承的路径：一是依靠人与人之间直接传递的表演阶段；二是依靠语言文字间接传递的表述阶段；三是依靠声音图像记录的影像阶段；四是依靠人人平等互动的互联网阶段。

可以这么说，在表演阶段，人类除了用包括手势在内的身体语言外，就是利用口头语言了。一开始的语言可能非常简单，就是鲁迅先生说的劳动的号子、追赶野兽的呐喊等，后来进化成连贯的口头语言。人类最早的劳动经验、神话故事等就是靠口耳相传保存下来。因此，人类一开始获取的信息主要是从故事中来，有了故事才有了文学，有了现在我们可以称之为知识的一切。

在"中国小学生基础阅读书目"里，我们推荐低年级小学生读的书中就有《中国神话故事》。我国古代有丰富多彩的神话故事，真实地记录了先人们的生活、生产和精神世界。

在世界还是混沌的时候，人类虽然对一切都那么好奇，但是在自然界中又显得渺小无力，只能在憧憬和想象之中，为自然万物加上一层神秘的面纱。远古先民给自己的想象力插上翅膀，塑造出一个个能够傲视苍穹的神仙或英雄群体，借助他们的躯壳和力量，去演绎凡人的喜怒哀乐和爱恨情仇，还让人类起源、日月星辰、自然万物、水旱灾祸、凶禽猛兽都有了合理的存在。

高尔基说："一般来说，神话乃是自然现象，对自然的斗争，以及社会生活在广大的艺术概括中的反映。"这就说明了神话故事来源于现实生活，而不是出于人类头脑的空想。之后高尔基又更明白地告诉我们说："要把费尽一切力量去为生存而斗争的两脚动物想象为离开劳动过程，离开氏族和部落的问题而抽象地思想的人，这是极端困难的。"这就更说明了神话的产生是和现实生活紧密联系的。所以当我们研究神话故事的起源和不同神话故事的特定含义时，都离不开当时人类的现实生活、劳动和斗争。正是因为有了神话故事，我们才能了解远古先民的生活。所以，在一定意义上我们可以说，人类文明和文化的源头就是故事。

2012年诺贝尔文学奖获得者莫言说过，"我是一个讲故事的人，因为讲故事我获得了诺贝尔文学奖"。当然，并不是所有会讲故事的人都能够获得文学奖，但是，所有能够打动人的文字，无疑都会有精彩的故事。所有的人都喜欢听故事。喜欢听故事更是儿童的天性。年龄越小，越是对故事敏感。几乎我们所有的人都听过爸爸妈妈讲那个"从前有座山"的古老故事。所有的人都依偎在爸爸妈妈的怀抱里听着睡前故事安然入睡。从儿童小小耳朵里长出的故事，往往是他们语文能力疯长的原野，也是他们心灵向上向善的养料。对于儿童来说，故事里蕴藏的智慧不仅有利于他们智力的发展，更有利于品格的形成和性格的塑造。那故事到底对孩子、对我们大人有什么意义呢？还是以神话故事为例。

第一，有助于激发学习的兴趣。神话故事情节浪漫离奇，人物形象鲜明生动，这些正是孩子们最感兴趣的部分。神话故事无疑可以激发儿童阅读的兴趣，引发儿童探求知识的欲望。神话的内容大部分是先民对生活情景、风雨雷电等自然现象、日月星辰等自然景观及神灵万物的夸张想象，这些内容生动有趣，题材包罗万象，能够满足儿童的好奇心，促使孩子获取新的知识。

第二，有助于培养丰富的想象力、创造力和思维能力。神话是原始先民丰富想象力的智慧结晶，是原始先民的神话思维对世界万物的认识和理解的产物，是他们的文学也是他们的科学。

神话中的夸张和奇思幻想深深吸引着孩子，迎合了孩子喜欢想象、好奇心重的心理。因此神话有助于培养孩子的想象力。像盘古开天辟地，女娲造人，燧人氏钻木取火等奇思妙想的发明故事，从不同角度激发儿童的想象力和创造力，拓宽儿童的思维和生命的宽度。与大自然亲近是儿童的天性使然，神话的奇思幻想使儿童与自然息息相通，让他们用自己的方式诠释自然，也从大自然中看到成年人看不到的美。因此，神话也是统编语文教材四年级上册"快乐读书吧"整个学期推荐阅读的主题。

第三，有助于奠定世界观、价值观和人生观基础。无论是开天辟地的盘古、射日除害的后羿、治理洪水的大禹，还是炼石补天的女娲、遍尝百草的神农，他们虽然都是人们理想化了的天神，但都是为部族的共同利益而勇敢献身的英雄，具有高尚纯洁的个人品性。原始先民坚信灵魂不灭，可以死而复生，神话中反映了他们的生命态度。在他们的观念中，生命是平等的，是值得尊重的。他们没有把自己当成是万物的主宰者，他们热爱自然，尊重自然界的一切生命，对于儿童来说，这难道不是生命观教育、自然观教育的重要素材吗？

我们新教育实验的榜样教师朱小敏，就曾经编写过一本《小故事，大智慧：小学主题德育故事108例》，介绍他们"讲故事，明事理""写故事，扬新风"和"品故事，育心灵"的德育实践，取得了很好的成效。

第四，有助于培养热爱民族文化的情感。神话并不是背离现实的"虚构"产物。它们的主要价值在于把那些优秀的民族文化和精神保存下来。中国古代神话故事是中华民族珍贵的文化遗产。中华民族号称华夏民族，中华儿女是炎黄子孙、龙的传人，这些皆在神话中有所体现。儿童读神话，认识和了解神话中的人物，可以促进他们对民族精神的感悟和热爱。

此外，通过听故事还可以培养孩子的情感，用潜移默化而非灌输说教的方式陶冶孩子的情感，让他们与故事中的人物发生移情、共情作用，对于丰富孩子的情感生活具有重要作用。同时，讲故事、听故事对于建立良好的亲子关系也具有特别的意义和价值。

人物传记，让孩子走近英雄

我们说，阅读是一个看见风景的过程，而阅读人物传记，则可能是一个"与谁为伍，你就会成为谁"的过程、一个树立人生标杆的过程。因为一个人德性的形成，很大程度上取决于他心目中的英雄，取决于他生活中的榜样。当我们研究世界上的伟大人物时也可以发现，他们的人生成长轨迹中都有形无形中刻印着英雄影响的痕迹。正因为如此，我们才有必要呼唤英雄，尽量让我们的孩子走近英雄。

如果仅就人的生物性而言，人是很容易懈怠、很容易满足、很容易停滞的。但是如果一个人在心目中树立了自己崇拜的英雄形象，就常常可以发现自己与英雄的差距，从英雄身上汲取前进的力量，给自己克服困难的勇气，增添热情、激情和活力。如果父母能够有意识地引导孩子树立起心目中的英雄形象，那么教育效果要比口干舌燥地说教要好得多。

我一直强调，一定要让孩子阅读人物传记，让孩子与伟人同行。阅读传记在很大程度上是为自己寻找一个榜样、一个自我生命的镜像。每个人都在书写自己的生命故事，能否把自己的故事写成一本传奇，取决于我们以谁为榜样，与谁同行。

诺贝尔物理学奖获得者范德瓦尔斯的故事也曾经深深打动我。他家境贫寒，在很小的时候就去一家印刷厂当学徒。城中心竖立着大画家伦勃朗的塑像，范德瓦尔斯经常去瞻仰他的塑像，后来他知道了伦勃朗的生活经历，原来他崇拜的人与自己一样家境贫寒，曾经做过油漆店的学徒，生活状况甚至比自己还要恶劣，最后却自学成为17世纪最伟大的画家之一。范德瓦尔斯便决定以伦勃朗为榜样，努力向他学习，最后成为了他那个时代世界顶尖的物理学家。

对于我来说，最好的书，就是那些曾经深刻影响到我的思想和行为的书。除了与工作相关的教育理论著作，还有文学名著、社科经典，而名人传记是我最直接地汲取精神力量的一种读物。我曾经在很多文章中讲过日本的医学改革家德田虎雄、美国的管理学家德鲁克以及那些改变世界的普通人的故事。他们在我人生的关键阶段，在新教育发展的重要时刻，都产生了非常重要的影响。

记得在大学读书时，我读完了学校图书馆里所有诺贝尔奖获得者的传记。阅读传记，成为我为心灵充电的必修课。我读过的名人传记有很多，印象深刻的有《林肯传》《拿破仑传》《罗斯福传》《居里夫人传》《马克思传》《海伦·凯勒传》《曼德拉传》《邓小平传》等。

新教育的生命叙事理论认为，每个人成长过程中都需要自己的生命原型、人生榜样、自我镜像。阅读名人传记就是寻找生命原型、人生榜样和自我镜像的一个非常有效的路径。

哪些人物传记适合孩子读

读名人传记，我们提倡分学段或分年龄阅读。孩子的阅读是循序渐进的，在他们还不能认字的时候，可以读传记类的图画书；等到上了学，有了一定的识字量，可以读经过编写的、具有故事性和哲理性的人物传记；随着年龄的增加和理解力的提升，就可以去读大部头的人物传记了。

1.适合儿童阅读的传记类书籍

《男孩、小老鼠和蜘蛛》是儿童图画书，适合学龄前的孩子阅读。"大自然是最好的老师，小动物是最好的朋友，学会与自己的内心对话，每个孩子都可能成为未来的怀特"，这是我曾经为这本书写过的推荐语。这本童书讲的是《夏洛的网》和《精灵鼠小弟》的作者——怀特的成长故事。

怀特小的时候体弱多病，经常因为生病不能出门，他感到非常孤单和寂寞，后来他和一只勇敢的老鼠交上了朋友。怀特在日记里写下了自己的所感所想以及对外面世界的向往和渴望。这是一位作家的成长史，也是一个孩子的心灵史。就算孩子在读这本童话书的时候还不识字，也不耽误他因为怀特的故事为自己埋下一个文学梦。

如果孩子的动手能力比较强，可以给他们看世界著名建筑师赖特的传记《世界的形状》。人的一生是围绕童年展开的，如果孩子能够像书中的小男孩一样，热爱这个世界的形状，也许就能够把自己的人生设计成伟大的作品。

现在有很多名人传记出了中文版图画书。比如《爱看书的男孩》，讲了林肯从小坚持阅读和学习，通过读书改变命运的故事；《鞋子里的盐》讲了迈克尔·乔丹怎么通过不断努力打败事业上一个个对手的；《雪花人》讲述了班特利从小喜欢雪花，用一台显微照相机不断地去拍摄雪花，最终从普通的农民成为了雪的专家，让全世界第一次看清了雪的具体模样。类似的图画书非常多，主题也很丰富。比如：讲爱因斯坦的《怪男孩》，主题是专注带你走得更远；讲尼尔·阿姆斯特朗的《伟大的一步》，主题是有梦想就去实现；讲莱特兄弟的《飞行者莱特兄弟》，主题是过程虽然曲折，梦想总会成真；讲《安妮日记》的作者安妮·弗兰克的《安妮·弗兰克：密室里的女孩》，主题是在困境里永远怀抱希望；讲诺贝尔和平奖得主、一位女性环保斗士的传记绘本《和平树：一个来自非洲的真实故事》，主题是爱护环境；讲奥黛丽·赫本的《成为奥黛丽·赫本》，主题是心系他人，始终善良；讲巴基斯坦平凡女孩、史上最年轻诺贝尔奖获得者马拉拉的《我是马拉拉》，主题是正义从不缺席；讲海伦·凯勒的《海伦的大世界》，主题是坚持可以点亮黑夜。

传记类的图画书能教给孩子的道理远比我们想象得多，让他们在懵懂的时候就有机会走近名人，找到生命的原型和榜样。

2. 适合小学生阅读的传记类书籍

小学生，特别是高年级阶段的小学生可以通过阅读传记类的书籍去理解更加复杂的内容。比如《叶永烈讲述科学家故事100个》这本书，从鲁班、亚里士多德，到伽利略、牛顿，再到杨振宁、丁肇中，作者梳理了100个古今中外著名科学家的故事，让孩子从先辈贤达的故事里明白科学到底是什么和成为科学家的意义所在。这一百位科学巨匠的故事能够成为孩子科学探索道路上的基石。

读名人传记也可以让普通人体会到那些少数派的生

活艰辛：只有读过《假如给我三天光明》才会更理解残障人士如何艰辛地学习和生活；读过《我的简史》才更能体会在慢慢瘫痪的过程中，霍金是如何让自己的思想在宇宙中遨游的；读过《贝多芬画传》才能知道战争中的音乐家是如何为了艺术而奉献自己的。

孩子们会从名人传记中去体会不同时代、不同伟人经历的困境和苦难，这些故事会增加他们努力拼搏的勇气，教他们学会掌控自己的人生。

3.适合中学生读的传记类书籍

中学时代要读的传记，有一本绝对不能错过，那就是《人类群星闪耀时》，这本书的作者是杰出的传记作家——斯蒂芬·茨威格，他截取了14个能影响世界进程的精彩瞬间，用14个特写，展示了像拿破仑、列夫·托尔斯泰、列宁、威尔逊等伟人的真实故事，这些人用自己的选择改变了世界。其实，伟人在成为伟人之前，也像普通人一样浮沉在这个世界。只有当个人意志和历史宿命擦出了火花，他们才会驱走阴霾，照亮整个人类文明的天空。

《欧阳修传：世俗的圣贤》也是一本适合中学生读的书。这是一本雅俗共赏的书，也是一本有用的书。什么叫有用呢？有用，当然不是为了考试、为了分数等一时之用。在我看来，就是能够打开中学生视野、有助于人生观建设的书。

看历史类书，我们经常会读到"文人士大夫"这个词，那么，什么样的人才是历史中的文人士大夫？议论古人，我们喜欢说某某某很有"士大夫精神"，那么，一个人拥有什么样的精神面貌，才能称得上"士大夫"？生活中，我们中国人与人相处，非常迷恋"君子之交"，那么，什么样的朋友交往，配得上这四个字？《欧阳修传：世俗的圣贤》这本书就通过欧阳修日常生活中一个又一个小故事解答了这些问题。对中学生来说，这些形象的故事远比抽象的说教生动有趣，这样的书对人生观、价值观、世界观正在形成的中学生一定是有用的。作者说，他在写这本书的时候，心里总是想着年轻的读者。欧阳修的故事，是一个草根逆袭的励志故事、千年一遇的传奇故事，这个曾经又穷又落魄的青年通往圣贤之路的所作所为，非常值得年轻的读者反复揣摩。

一本真正的适合中学生阅读的书，应该是久读不厌的，是能够陪着他们一起成长的。在初中的时候，翻开《欧阳修传：世俗的圣贤》，初中生能理解的可能只是《醉翁亭记》的写作过程；到高中的时候看，感兴趣的可能是欧阳修如何主持科举考试，录取苏东坡兄弟；

等上了大学再看，打动内心的，可能是欧阳修的诗酒人生。走上社会之后，当上公务员或者从事其他职业，再看作者在书中所说的一个"公务员"的奋斗史，你可能会有中学时代完全不同的感触。我相信，随着中学生人生阅历的增进，随着他们知识背景的拓展，会在这本书当中看到不同阶段的自己和欧阳修。这样的书，就是常读常新的书、久读不厌的书，就是能够陪伴着他们去成长的书。

在这里想提一下现在有很多人关注的马斯克。《硅谷钢铁侠：埃隆·马斯克的冒险人生》是马斯克的一本传记。书中讲述了他是怎么把自己的梦想一个个实现的。其中有一个小细节：在他第一次发射火箭的时候，与火箭一同升空的还有他小时候读过的《银河帝国》。现在看来，这个全世界最著名的创业家，和原来那个十几岁的小男孩其实也没什么不同。

通过阅读人物传记，孩子会知道现在的自己跟伟大人物在小时候没什么不一样，这种想法会增加他们完成梦想、成就自己人生的信心，甚至是改变他们的命运。

阅读人物传记是如此的重要，那怎么让孩子爱上读人物传记呢？

首先，结合孩子的兴趣特长推荐人物传记。我们要尊重孩子的兴趣，不能以自己的喜好来给孩子选书。孩子对哪个领域特别有兴趣就推荐哪个领域的书。比如我的小孙子对宇宙、火箭有兴趣，那我就给他推荐上文提到的马斯克的传记，讲他造火箭的故事；也可以给他看霍金的自传《我的简史》，让孩子看看霍金是怎么爱上宇宙和黑洞的。

其次，结合社会的新闻热点推荐人物传记。不管是大人还是小孩，都会被最新的时事热点引起兴趣，进而想要了解更多的知识。当孩子们使用iPad的时候，可以跟他一起看看《乔布斯传》；当聊起朝鲜和韩国时，可以给孩子看《命运：文在寅自传》；当聊起美国因为新冠疫情经济出现问题的时候，可以给孩子看《巴菲特自传》。

再次，结合孩子的学科学习推荐人物传记。传统教育的填鸭式学习，很容易让孩子对科学类课程内容的学习产生抵抗情绪。这时候父母就可以用一些科学家的著作来引导孩子的兴趣。如学习理科的学生，数学有《华罗庚传》，物理学有《别闹了，费曼先生》，化学有《居里夫人传》等优秀作品。人文领域可以去阅读历史人物传记，像《苏东坡传》《欧阳修传：世俗的圣贤》，也可以阅读现当代人物的传记，如《天下为公：孙中山传》《鲁迅传》等。通过名人的故事让孩子对某一学科感兴趣，对于在学校的学习是很有帮助的。

最后，结合区域特点推荐同乡或家族人物的传记。结合孩子能接触到的事物，比如故乡历史、家族人物和身边的文化遗迹，等等。中国的历史源远流长，每一段小故事都能引出一些我们感兴趣的人物和典故。我的家乡江苏大丰就有张謇的故事，我的第二故乡苏州则有范仲淹的故事，等等。

为什么要让孩子读科普

通常来说，孩子接触科学、了解科学往往是从阅读科普类书籍开始的。通过阅读科普类书籍或非虚构类书籍，可以点燃好奇心，激发探索未知领域的欲望，甚至是找到属于自己的事业。科学普及读物和非虚构图书对于孩子的成长具有特别重要的价值。

第一，满足孩子们的好奇心和求知欲。人生来就有好奇心，有人曾经做过一个实验，给胎儿播放不同的音乐，最开始的时候，胎儿会跟随音乐节奏进行胎动，等到反复几次之后，胎儿对音乐的反应越来越小，说明他们已经开始熟悉这段音乐了，但是换一种音乐的话，胎儿又会产生新的胎动。这说明人类在胎儿时期就已经对新鲜的事物产生好奇了。

好奇心是人类不断认识世界的动力。怎么对待孩子的好奇心？父母可以与孩子共读《神奇校车》系列丛书，它是2005年新闻出版总署向青少年推荐的100

种优秀图书之一，也是美国国家图书馆推荐给所有学龄前儿童和小学生的课外自然科普读物。还有什么能比跟着书里的人物一起去上天入地，去探索世界更能满足孩子的好奇心的呢？我想这也是它能长期占据童书销量榜的原因。

第二，发展逻辑推理能力，培养创造性思维。相比于其他图书，科普类图书会包含更多的专业名词和科学概念，而且书中信息往往是按照逻辑推理的方式呈现，多读科普类书籍，有助于培养逻辑推理的能力。

在皮亚杰看来，幼儿在0~2岁时主要靠自我动作和感知觉来思维，在2~7岁主要靠表象来进行思维；儿童的认知只有到了七八岁才能够具有初步的逻辑推理能力，而此前儿童则处于自我中心和即将解除自我中心的阶段。

《这是什么呀》就是一套适合儿童在建立思维的阶段去阅读的科普书。它总是由一个具体的现象开始描述，比如天气系列的《下雨是什么呀》一书，先展示一个下雨的场景，有的孩子打雨伞，有的孩子穿雨衣，进入到这样一个孩子们非常熟悉的情景后，它开始层层递进，引导孩子观察下雨天云朵的不同形状，讲述雨的形成，毛毛雨、阵雨、大雨、暴雨、雷雨的成因和特点，再延伸到洪水的形成、雷雨天的自我保护，图文并茂、言简意赅地普及了关于下雨的百科知识。《纽约时报》评论说，这本书"从下雨天的人类活动，写到雨的成因，再到雨的类型，更囊括雷雨天的自我保护，写完了孩子们需要了解的关于下雨的一切！"《华盛顿邮报》甚至赞美作者对美国幼儿教育的贡献无人能及。这样的讲述方式，非常有利于培养孩子独立思考的能力和全局观。

第三，激发儿童进行主题探索，有助于学科学习。2020年的春节因为新型冠状病毒而变得不太一样。孩子们不一定知道到底在发生什么，感觉到了气氛的紧张，却又懵懵懂懂。爸爸妈妈或许取消了聚会甚至假期旅行，孩子想去的地方去不了，想要见的小朋友见不到，要憋在家里度过整个假期，心理上不一定能接受。其实，这是一个让孩子了解事实、学习科普的好机会。孩子可以理解病毒、生病这些概念，学习用正确的态度去面对，提高意识养成好的卫生习惯，并更加理解爸妈的各种决定。

除了疫情期间给孩子科普生物学，我们其实有非常多学科类科普读物，适合给孩子做学习启蒙。如数学启蒙，不妨带孩子读一读安野光雅的作品，从《数数看》

开始，通过一幅幅自然风景和世间万物的图画，让孩子对数学知识和法则感兴趣。《这就是物理》，从身边生活入手与物理教学无缝链接，通过漫画的形式，串起十大经典物理主题，为孩子构建全面知识体系。

第四，建立正确的世界观。世界观是人们对世界的基本看法和观点，来源于人对现实生活的总结。建立世界观的过程就是不断处理现实生活中信息的过程，孩子通过阅读科普类书籍可以掌握更为全面和科学的信息，对事物的反应、观点、分析、决策也会更为合理和科学。

如果读过《寂静的春天》这本书，会更清楚过度使用化学药品和肥料会导致环境污染，生态破坏最终会给人类带来不堪重负的灾难。这本书也许会改变孩子的行为方式和生活习惯，当通过书籍知道了过度使用化学制品的危害之后，不用父母提醒就会形成环保意识。如果读过《手不是用来欺负人的》这本书，就会明白，手最主要的作用是问好、玩游戏、帮助别人、照顾自己而不是推搡打闹、伤害别人。从小培养孩子可以终生受用的好习惯。读科普类书籍，不仅是学习科学知识的需要，而且是养成良好习惯和优秀品德的一个途径。

第五，点燃人生理想，发展职业兴趣。如何用科普书帮助孩子点燃人生理想？我们先讲两个故事。怀尔斯是英国著名的数学家，他在1994年证明了数论中费马定理的存在。怀尔斯最开始知道费马定理是通过10岁时读的一本讲数学的书籍《最后的问题》，这本书是美国数学家埃里克·坦普尔·贝尔写的，当时费马定理还只是一个猜想，很多数学家都曾尝试去论证这个定理都未成功。10岁的怀尔斯在读到这个猜想的时候便决定要解决它，并选择数学作为终身职业。最终，在他42岁的时候，将费马定理彻底证明完毕。诺贝尔物理学奖获得者吉普·索恩同样是因为在13岁的时候读了科普作品、物理学家伽莫夫写的《从一到无穷大》等一系列的书籍，打开了他进入物理世界的大门，从而改变了他的一生。

父母们不要小看科普类书籍对孩子的影响，通过上面两个故事我们可以知道，多给孩子读科普书，在一定程度上就是在增加孩子成为科学家的机会。

如何带孩子读科普

有一部分家长对于跟孩子一起读科普这件事的态度往往是敬而远之。担心无非有两点，第一是自己对某些领域不了解，无法起指导作用；第二是每次读科普书的时候，孩子总是问个不停，而有的问题自己根本就回答不上来。怎么办？对于自己不了解的东西，父母能讲多少讲多少，讲书之前多查查相关资料，拓展自己的知识面。就算是被问住了也不要慌，父母和孩子面对同一个问题，正是最适合亲子共读的时机，家长可以陪着孩子一起去找答案，共同学习和成长。博物馆、科技馆等都是激发孩子阅读科普书籍和非虚构图书的好场所。在那里看到的东西，往往会成为孩子的问题的源头，按照这些问题的线索，可以带着孩子到书中寻找答案。

科普类图书大致可分为8类，分别是概念知识类、事物原理类、启发思维类、动手实验类、领域发展史类、人物类、职业与组织结构类、方法论类。人物类的非虚构图书在讲人物传记的文章中已经介绍过，这里重点讲讲其余7个类别及其所对应的书目阅读问题。

1. 概念知识类

这一类科普书把事物进行命名和定义，解决"是什么"的问题，有非常基础的幼儿绘本，也有纯文字的图书。

我在微博上推荐过的《树》，就是一本概念类科普读物，它将诗歌、美文和科普融为一体，用非常逼真的手法介绍了橄榄树、无花果树、海岸松等30多种树，有大量关于树的科学知识，搭配诗人对树的歌颂，非常适合孩子学习有关树的知识。还有《DK儿童百科全书》，内容上从宏观到微观，从生命到宇宙，这本书用最贴近孩子的语言和图画，建立了一个全方位的知识结构，能帮孩子建立最基础的百科类知识，激发孩子对知识的热爱。

2. 事物原理类

孩子总有一个经常问为什么的阶段，这个时候就可以和他们一起看解释事物原理类的书籍，随着孩子阅读面的扩展，知识的丰富，他们的问题会更加深入和抽象，看的科普书也就越来越专业。

"火星叔叔"郑永春写过一本事物原理类的科普

书——《星际奥秘·从地球出发的宇宙探索之旅：火星零距离》，系统全面介绍了火星探测的科学战略、火星旅行的科技基础、火星探测的全球竞争、火星探测的典型案例以及探索火星的中国力量。这本书可以帮助孩子全面了解火星的科学知识、客观理性地认识火星在宇宙中的地位，让孩子拥有一个宏观的视角思考地球和人类在太阳系中的命运。

《这就是二十四节气》也是属于事物原理类的书籍，通过对节气知识的解读，回答日常生活中孩子们提出的疑问。

3.启发思维类

启发思维类的科普作品会引导孩子去提出问题，通过问题去探索未知领域，这对发现和创新非常重要。比如《动物眼中的梵高名画》，是一本讲光线与动物眼睛的科普图画书。打开第一页就是漆黑的画面，说明离开光线，人们无法看见东西。接下来，邀请小朋友来到了色彩大师梵高的房间，这是一个有着《星月夜》《向日葵》等多幅名画的房间。可是，来到这个房间的蜗牛、金鱼、蛇、蜜蜂和狗看到的却是一个完全不同的世界。蜗牛的眼睛只能看到明与暗的黑色和白色，金鱼的眼睛看到的房间是弯曲变形的，蛇的眼睛虽然不好但是头部的热感应器（红外线）能够帮助它们在黑暗中看到其他动物，蜜蜂的眼睛看到的风景就像马赛克图案，狗的视力不好只能看到近处的东西。原来，这是因为动物的眼睛构造各不相同，所以它们看到的世界也完全不一样。这本书的构思非常巧妙，将艺术名画融入科学知识，让阅读变成了科学探索的过程。书末附有关于眼睛的有趣故事，回答了孩子们感兴趣的一些问题，如有没有不长眼睛的动物？哪种动物视力最好？眼睛是怎样产生的？食肉动物与食草动物的眼睛有没有不同？同时，还介绍了藏在书中的梵高的八幅名画，帮助孩子认识这位伟大的画家。

《科学大问题》也是一本激发求知欲、挑战孩子思考力的科普读物。书中讲的是全球范围内各个学科的热点问题，每一个问题都很烧脑，比如宇宙是由什么组成的？生命是如何起源的？是什么造就了人类？等等，这些问题也许会伴随孩子的一生，也许有孩子会用一生的经历去思考、研究、探索其中的某一个问题。

4.动手实验类

我们都知道，实践是检验真理的唯一标准，在科学上更是如此。质疑和求证对于科学研究来说非常重要。很多被认为是真理的知识，都在后人的质疑中被推翻。

我们从小就知道，伽利略的自由落体实验推翻了亚里士多德延续将近两千年的理论。做实验的过程，既可以培养孩子的动手能力、操作能力和解决问题的能力，也能给孩子树立用事实说话的观念。

美国旧金山探索博物馆曾经编撰过《厨房里的科学实验》一书，这是一本有意思的科学探索图画书。在爸爸妈妈的帮助下，在家中的厨房里就可以按照书中的指导进行好玩的实验。可以让食物闪闪发光，可以做出光彩夺目的糖品戒指，可以用醋让坚固的鸡蛋壳消失无踪，可以做一个没有苹果的苹果派……更重要的是，书中讲述了各种食物与人体的关系，是非常适合亲子共读和全家人共同参与、一起动手的童书。

5.领域发展史类

通过观察看得见和摸得着的事物，可以给孩子梳理一些基本的观念，比如说任何东西都是变化的，历史有时是重复的，每一次变化都伴随着斗争，等等。与此有关的就是领域发展类书籍。

《人类简史》和《万物简史》就是属于领域发展史类的科普书。《人类简史》可以帮孩子塑造全景历史观与世界观认知体系。在《万物简史》生动的故事和图画中，孩子可以跟科学家们对话，学习各种科学知识，去探索人类和宇宙的未来。《物种起源》同样也是讲领域发展史类的图书。弗洛伊德说过《物种起源》是人类历史上最重要的十本书之一。达尔文就是在这本书里提出了当代生物学的核心思想——进化论。孩子可以阅读这本书的绘本版，先了解达尔文的著书过程，再结合当代生物学家的讲解，掌握最核心的十大原理，理解进化论的含义，建立科学思维。

6.职业与组织结构类

儿童都会对大人的工作感兴趣。小孩子会主动问父母每天出门都去干什么，并且对不同的工作产生好奇。职业类的科普书可以帮助孩子了解不同的行业，除了积累知识外，还能帮助孩子理解社会分工，明白工作的职责和价值，甚至会影响孩子职业的选择。

《儿童职业启蒙百科·长大后我要做什么》是一本专门针对儿童编撰的职业启蒙书，符合儿童的认知心理特点，通过图画展示了真实的职业情境，填补了对孩子进行职业教育的空白。此外还有《大人每天都在做什么？》《我们的一天》等都是很好的职业启蒙绘本。

阅读职业类图书最重要的意义在于启发孩子的职业意识和志向，让父母和孩子一起规划未来。

7.方法论类

　　方法论的科普书一般较为抽象，富有哲学性，这类书需要读者有一定的知识储备，适合中学生高年级阶段阅读。比如《简单的逻辑学》，这本书被列入《教育部基础教育课程教材发展中心中小学生阅读指导目录（2020年版）》，属于高中段人文社科类读物。作者是美国著名的逻辑学教授麦克伦尼，他通过这本书向初次接触逻辑的人介绍应该如何去使用逻辑，向读者解释逻辑中的基本原理、观点、产生谬误的原因、谬误的形式等问题。

学校教育与读书

　　相信书籍的力量，这是学校教育应该恪守的原则。只有成为学校里最日常的行为，阅读才能真正成为教育最神圣的使命，学校才能真正成为丰盈心灵、强健精神的育人之地，青少年的生命也会在与伟大作品的碰撞中，绽放出夺目的精神之光。

学校教育为什么要重视阅读习惯的培养

　　在学校中，书籍既是不可缺少的教学材料，又是宝贵的精神财富。对学生而言，阅读能力是一种最为基础的学习能力；对教师而言，阅读则是一种贯穿于整个教育过程的教学手段。学校教育最关键的一点，就是让青少年学生养成阅读的习惯、兴趣和能力。如果将这个问题解决了，学校主要的教育任务应该说就算完成了。如果青少年在十多年的学习历程中尚不能养成阅读的兴趣和习惯，一旦离开校园就很容易将书本永远丢弃到一边。这样的教育一定是失败的。

　　学校教育通过最有效率的课堂教学的方式，将人类的知识高度集约化、效率化和组织化，在固定的时间内传授给我们的青少年，教科书的作用就相当于母乳。但是，教科书再浓缩，也不可能容纳人类文明的全部成果，更不可能囊括全部人类已知的知识。如果一个孩子终生都喂养母乳，那么他肯定是一个营养不全、发育不良的孩子。只读教科书的青少年哪怕考分再高，也不可能走得很远。在学校学习教科书并不能代替读书。

脑科学的研究表明：大脑内并没有专门负责阅读的脑区，基因尚未将阅读融入编码结构中，人类的大脑所建立的基因图谱还是来自于以狩猎采集为生的远祖，人类也没有充足的时间来形成专门的阅读神经回路。阅读行为是人类发展过程中出现的一个相对较新的现象。正因为没有特定的基因组直接负责阅读功能，人类的大脑只好在负责视觉和语言的原有结构间建立连接（阅读的神经回路）去学习阅读这项技能。

科学家们认为，正因如此，儿童天生就会辨认声音，而阅读文字是额外的需求，他们需要努力学习才会获得这项技能，读懂文字内容。为了获得这项非天赋的技能，儿童与青少年需要经过大量有效的阅读训练。这一点，也正是学校教育应该全力提供的保障：除了在语文课上教师要指导学生专门训练阅读能力外，学校还应该为学生提供和营造良好的阅读环境，让他们与书触手可及，耳濡目染，潜移默化，让他们在这些承载着人类最美好的情感和最美妙的知识的书籍之海里幸福地遨游，茁壮地成长。

这些年来，我和新教育同人一直致力于青少年阅读的研究与推广，致力于推动书香校园建设，我们先后研制了"中国幼儿基础阅读书目""中国小学生基础阅读书目""中国初中生基础阅读书目""中国高中生基础阅读书目"等一系列适合青少年学生阅读的书目，并有效地导学校、引教师重视儿童和青少年的阅读，培养阅读习惯。

如何点燃师生的阅读热情

就学校教育的阅读现状来看，大家缺失的不是阅读的理念，而是阅读的实践。这种现象需要分析来看。从学生而言，他们普遍缺少阅读的时间。从小学就开始的升学竞争压力，使原本的生活空间扁平化，除了学习、做题、考试，还是学习、做题、考试。没有时间，兴趣培养与能力养成就无从谈起。从教师而言，大家对教育目标的认知由于评价模式的单向度而呈现"狭窄化"特点，我听说连语文阅读都被迫"屈就"，诸如用做题目来学习阅读方法，将文本分解为知识点。问题反映在教学实践层面，根子却还是在教育教学观念。

我觉得将时间和空间留给孩子是很重要的，只有这样，才能让他们发自内心地爱上阅读。新教育实验提倡"晨诵、午读、暮省"的学习生活方式，还专门开设了相关的阅读课程。阅读课程能够让学生领悟书中的精要之处、关键之处，帮助学生掌握阅读方法，同时也能够通过共读实现彼此的讨论、分享、争辩，调动思维，营造严谨又活跃的阅读氛围。在这个过程中，教师自觉的阅读意识与阅读建构尤其重要，教师在课堂里引领学生阅读、剖析、对话，在思想的碰撞与情感的共鸣中形成对共同体验的清晰表达，这对学生学会阅读、养成阅读习惯有着直接而具体的效果。

走进课堂，开展阅读教学，只是阅读的一种形态。阅读更广阔的田野在教育生活。要开展切合学生特点的、学生感兴趣的各种阅读实践活动，让学生真正成为阅读的实践者。我也观摩过一些读书会、故事会，场面很热闹，学生们也很活跃，但总是感觉教师的控制力太强，所有过程都是教师预设的，学生的交流也是按照教师事前给定的"框格"来呈现。阅读是读者的心灵通过文字与作者自由交流的过程，尤其是文学阅读，更是一种"翻越现实之墙"的心灵自觉，所有的参与若缺失了"主动"，就没意义了。我的建议是：不妨让学生尝试着建立自己的阅读俱乐部，鼓励自主举办"经典有约"读书沙龙、读书会，等等。

至于教师读书，我的理解是，教师的读书不仅是学生读书的前提，而且是提升整个教育质量的前提。教师的阅读趣味与水平会对学生产生深刻影响。一个忽略阅读的教师无法培植热爱阅读的生命。希望有关教育部门或学校能够出台政策，鼓励教师读书。做一些大胆的尝试，不要用短视的考核压制了教师长远发展的动力。可以多发掘榜样的力量，通过树立典型推动教师读书。此外，还可以通过多种方式给教师交流读书经验和教学经验提供平台，教育管理者、校长应该具有推动师生共同读书的眼光和魄力。

如何发挥中小学图书馆的育人功能

中小学图书馆是推动阅读的重要场所，也是培养师生阅读兴趣、阅读能力与阅读习惯的重要阵地。要建设好一所中小学校的图书馆，我想有以下几方面的工作要做。

首先，要解决基本图书配备的问题。这些年来，我利用出差调研、考察、讲学的机会，看了数百家中小学图书馆，得出一个基本结论：图书馆的基本图书配备和师生需求之间存在较大距离。我们耳熟能详的优秀童书，在许多中小学图书馆里几乎找不到踪影，而许多根本不适合孩子读的书籍，却堂而皇之地站在书架上。在某省教育厅的"中小学图书馆（室）推荐书目"中，竟然包括了《最新医院院长工作全书（上、中、下）》《下岗职工再就业指南》《国民经济动员培训教材：工业动员概论》《甲醛生产》《降低不良品损失工作指南》等书籍。而我在某小学的图书馆里，竟然还看到了关于如何谈恋爱、如何开公司赚钱的书籍。为什么会出现这样的情况？我想，一是由于教育行政部门采取低价中标的图书招标政策，出版社与书商就把库存书低价推销给学校，或者让高定价低折扣的书籍进入学校；二是捐赠图书未经审核直接进入学校，而部分捐赠人只希望用最少的资金购买最多的书籍；三是没有精心研制一个具有指导作用的中小学图书馆基本书目。因此，我认为当务之急是要组织力量研制中小学校图书馆基础书目。根据不同学校的类型、规模，由国家相关部门组织或委托民间专业机构，认真研制中小学图书馆的基本书目。这些奠定师生精神根基的书目，由政府统一采购配送，不经过书商的中间环节。建立学校图书馆购书的公示制度，定期将学校采购的图书目录、价格、出版社、书商名单等信息公开，让社会监督。

图书馆里没有好书，就像人没有灵魂。为中小学图书馆选配优秀图书的问题，是一个非常重要的大问题，一方面国家要重视，要组织专家研制和发布权威可靠的书目；另一方面学校也可以发挥教师、学生和家长的作用，允许他们推荐优秀的图书，定期补充优秀图书。中小学图书馆应该是学校的精神文化中心，一座图书馆对学生的意义，绝不亚于一个多媒体教室或一个塑胶操场。在许多农村家庭还不富裕、许多城市家庭还不重视或不懂得为孩子选好书的情况下，学校图书馆是让孩子获得真正的好书、真正爱上阅读的希望。

其次，中小学图书馆的管理人员是关键，应该选好、配好，充分发挥作用。我在国外和港台地区考察过许多图书馆，他们的中小学图书馆馆员一般是具有专业资格的工作人员，馆员与学校教师共同工作，管理图书并制订一些合适的阅读计划，图书馆的馆长一般由德高望重的专家或社会名流担任，图书馆一般都有负责选书的专家委员会，以确保图书的品质。相比较而言，我们的中小学图书馆很少设置专门的图书馆人员，真正懂图书、懂教育、懂孩子的专家型图书管理人员就更少了。应该充分重视中小学图书管理人员的配备问题，在缺乏专业人士的情况下，不妨由学校的优秀教师兼任图书馆馆长，适当减轻他们的教学工作量，让他们有足够的时间考虑学校图书馆的建设。同时，注意培养和凝聚图书馆志愿者，吸引社区和校内的师生参与图书馆建设。

再次，中小学图书馆能否发挥好作用，在很大程度上取决于图书馆能不能开展丰富多彩、富有成效的活动。联合国教科文组织《中小学图书馆宣言》就明确了中小学图书馆的主要目标和任务，如"支持和增强由学校的任务和课程体现出来的教育目标"，"发展和支持孩子们阅读、求知和终身利用图书馆的习惯和爱好"，"为在知识、理解、想象、娱乐方面创造和利用信息积累经验提供机会"，"向所有学生提供评估和利用各种形式、形态、媒介的信息、知识和实践技能，并且使他们即时了解社会成员间各种交流模式"，等等。这就要求中小学图书馆要能够主动配合相关学科教学，了解各学科学习的内容与进度，为师生准备相关的参考书籍；要帮助师生学会利用图书馆，包括如何查找资料、如何利用各种工具书、如何更加有效地利用现代技术手段搜索信息等。同时，开展新书推介会、读书交流会，组织读书会以及建立班级图书馆分馆等，也是中小学图书馆可以主动开展的活动。至于中小学图书馆根据学校的特色和师生的需要，建立各种绘本馆和其他主题馆，应该根据学校的财力等具体情况而定。

著名作家、阿根廷国家图书馆前馆长博尔赫斯说过："如果有天堂，天堂应该是图书馆的模样！"这句话非常动人，但只强调了图书馆神圣的一面。从另一方面，我希望图书馆是平凡的、朴素的、日常的，就像教师和学生每天都要去的食堂一样，图书馆应该是师生们的精神食堂。我希望我们的中小学图书馆真正建设为校园里最美丽、最温馨、最有吸引力的地方，让师生们在这里借书、读书，交流、分享，真正成为一个快乐的读书人。

高校图书馆如何做好社会化服务

　　高校图书馆是我国公共图书馆体系中非常重要的组成部分，是学术与文化资源的积淀之地，也是学校形象、气质、品味的集中展示之所。曾经有人问我，高校图书馆如何做好社会化服务——包括面向中小学校、面向中小学教师的服务？其实这也是我一直在思考的问题。

　　高校图书馆对社会开放，做好社会化服务，本来是高校的一项基本职能。因为，高校本身是用纳税人的资金建立和运营的，作为社会公共机构，理应为全社会提供良好的公共服务。同时，通过这样的服务，也有利于开拓信息资源共享、激发社会创新和高校自身的创造。

　　正因为如此，许多国家在相关问题上提出了明确要求，制定了相关规范。比如，美国图书馆协会曾表示，"大学图书馆应该像对待本校师生一样，为社会用户提供服务，满足他们的信息需求"。日本政府也对国立大学图书馆提出社会用户"不限制身份和目的，可以利用大学图书馆图书资料"的要求。

进入新世纪以来，我国高校图书馆也加快了对社会开放，做好社会化服务的步伐。2010年发布的《国家中长期教育改革和发展规划纲要（2010—2020年）》提出，高校图书馆要面向社会开放资源，提供社会化服务。2015年颁布的《普通高等学校图书馆规程》明确规定："图书馆应在保证校内服务和正常工作秩序的前提下，发挥资源和专业服务的优势，开展面向社会用户的服务"。2018年1月1日起正式实施的《中华人民共和国公共图书馆法》第四十八条规定："国家支持学校图书馆、科研机构图书馆以及其他类型图书馆向社会公众开放。"这些都为包括高校图书馆在内的学校图书馆开放社会服务提供了强有力的政策支持。

虽然高校图书馆提供社会化服务是国际惯例和世界趋势，也有法律的保障，但是在实施过程中还是阻力重重，步履艰难。在全国人大讨论公共图书馆法的相关条款时，委员们就有截然不同的两种意见，而在社交网络的有关讨论中，不赞同高校图书馆提供社会化服务的声音竟然占了绝大多数。如《人民日报》官微发布的"高校图书馆是否应向社会免费开放，你怎么看？"这条微博之下，获得点赞数位列前十的评论，所表达的均是不支持此种做法的意见。

为了弄清楚包括上述高校图书馆社会化服务问题在内的高校图书馆改革与发展过程中存在的问题，2018年，受教育部委托，民进中央开展了"加强高校图书馆建设"的调研，山东、河北、江苏、浙江、北京的十多位高校图书馆馆长参与了调研。调研结果表明，当前高校图书馆建设在硬件建设、馆藏资源配置、图书采购和资产管理模式、人力资源建设和开展社会化服务方面都存在不少问题。

在社会化服务方面，主要有以下两个方面的障碍。

一是思想意识方面的障碍。有人对我国"985"高校的图书馆网站进行了调研，发现除去一家无法打开的图书馆网站外，38家高校图书馆中只有12家提供了关于社会读者的有关信息，而有面向社会读者专项制度的则仅有5家。究其原因，主要在于思想意识层面。大部分高校图书馆管理者往往过高估计了社会化服务可能带来的管理风险、校内外读者利益冲突等问题，担心社会人员多了以后，不能保障学生的财产安全和人身安全问题，担心高校的日常教学和秩序管理受到冲击，担心给图书馆工作人员带来更大负担，担心高校图书资源和座位资源有限，无法满足社会人士的图书需求等。应该说，这些担心中，有的担心不是没有道理，但已经开展这方面工作的高校图书馆也用事实证明，社会化服务完全是有可能的。比如作为陕南地区最大的文献信息资源中心，陕西理工学院图书馆与汉中市政府签订了图书馆共建共享协议，在学校图书馆同时挂牌成立汉中图书馆，专门为当地市民开辟了社会读者阅览室，图书馆所有的开架书库和阅览室向社会读者开放，为市民提供了零门槛、无障碍的服务，使学校文献信息资源惠及汉中市民，取得了良好的社会效益。有人说，汉中只是一个小型城市，高校图书馆社会化服务实施的难度不大，但是，大城市人口众多会导致一些困难。其实大城市的大学更多，便利条件也更多，只要精心管理，应该是可以有所作为的。

二是资源条件方面的障碍。资源条件方面的障碍主要表现在图书资料的资源和阅读空间的资源不足两个方面。关于图书资料的资源不足问题，许多高校图书馆认为，自己的图书资料资源专业性和学术性比较强，与社会公众的阅读需要差距较大，开放的效果也未必好。不同高校专业结构的差异对图书馆图书资源建设具有很大影响，如设置医学院与未设置医学院的高校，医学类型书籍、医学专业数据库的资源总量可以相差几十倍。除了纸质文献以外，高校图书馆采购数字资源的方向也多优先考虑本校学科特色，社会读者更加需要的大众文化类图书、普通报刊等资源往往并不多。这固然是客观存在的事实，但劣势有时候可以成为优势，如何发挥专业性、学术性强的图书资料的作用？如地处以汽车产业为主要产业的武汉经济技术开发区的江汉大学图书馆，将辖区内的汽车企业作为图书馆开展信息服务的首要目标，向开发区内的东风汽车公司等企业开放文献信息资源，开设研究包厢，有针对性地提供专题信息检索、代检代查、文献传递、数字参考咨询等服务内容，开通电子信息资源的远程访问，还主动上门为企业员工办理借阅证，开展信息检索与使用培训，指导员工有效利用图书馆信息资源，不仅提高了高校图书馆图书资料等信息资源的利用率，也发挥了高校为地方社会经济服务的作用。

关于阅读空间的问题，许多高校图书馆反映，由于图书馆的环境、氛围、配套设施较优，常常是学生自修的首选场所，尤其是各种考试复习期间，面向本校师生提供充足的座位都有困难，根本不可能再向社会开放。2014年底，四川大学图书馆在对外开放的第4天，就匆匆忙忙发出暂停办理社会读者借阅证的通知，理由就是无法提供足够数量的座位。

其实，这些矛盾可以通过实时监控图书馆人数、网络预约、错开高峰等方法有效解决，也就是说，可以通过"互联网+"的路径，建立起更加灵活、开放、协同的高校图书馆管理机制，实现更高水平的社会化服务。在实践中，就已经有一些高校图书馆将自己拥有的大量珍贵古籍、名人捐赠、稀见文献等馆藏，通过数字化甚至3D展览的形式加以社会化利用，使尘封的馆藏重见天日，焕发生机。

当然，除了上述两个方面的障碍外，管理上的障碍也是重要的原因。高校师生作为高校图书馆的传统服务对象，群体构成相对简单与纯粹，管理也比较有序和可控，社会读者则身份多元、构成复杂，管理也容易无序和失控。但是，这些问题也是可以通过大数据、人工智能等技术手段优化管理得到有效解决。

综上分析，高校图书馆社会化服务其实是"非不能也，乃不为也"。当务之急，就是如何吸取国内外高校图书馆社会化服务的经验教训，根据新时代高校图书馆转型的新趋势，发挥高校图书馆专业化、学术性较强的优势，更好地为社会读者打造一个没有围墙的图书馆。

根据相关的实践探索和研究，我国高校图书馆社会化服务的模式可以在以下几个方面进一步深化。

一是进一步加强社会援助服务。我国的公共图书馆建设总体来说比较落后，截至2017年底，我国公共图书馆数量为3,166个。而据美国图书馆协会统计，2016年时，全美约有各类图书馆12万个，平均每2,500人就有一个图书馆。其中存在于不同规模的社区中的公共图书馆约1.65万个，比麦当劳连锁店的数量还多。由于公共图书馆资源缺乏，我国高校图书馆对社区和边远贫困地区的社会援助服务就应该更加自觉。我国的部分大学已经开展了帮助贫困偏远地区教育文化发展、支持基层图书馆建设等工作。如厦门大学图书馆开启的援建农村图书馆项目，通过提供图书资源、技术支持、业务指导、信息培训等项目支援新农村建设，并在当地建设了大学生实习基地，为后续援助服务提供保障。深圳市文化局策划启动了"图书馆之城"项目，鼓励深圳各高校与公共图书馆开展紧密合作，建设了"深圳文献港"信息服务平台，向社会开放文献资源，开展信息咨询服务，为当地的知识创新、自主创业提供了支持。

二是进一步加大社区开放力度。高校图书馆向社区开放的程度是社会化服务的一个晴雨表，也是衡量高校图书馆社会服务水平的一个重要指标。高校图书馆免费对社会用户提供文献借阅、信息检索等基础性信息服务，也可以对社会用户，特别是企业与创业创新团队提供信息咨询、科技查新、电子数据库文献下载、信息素养培训、学术及创客空间利用等有偿服务。

由于我国中小学图书馆和社区图书馆建设相对落后，对于我国中小学师生来说，高校图书馆则是一个重要的获取知识与信息的场所。但是，从目前的情况来看，我国高校图书馆的开放是非常不够的。如2016年北京累计有56所高校图书馆对中小学生开放，一年后就减少到48所。而且开放时间少，不仅国家法定节假日及寒暑假不开放，而且周末也不开放。唯一一所周末开放的是北京信息科技大学图书馆。有70%的高校图书馆还规定必须提前两周预约，给阅读设定了门槛。就这一点来说，许多国外的大学与中小学几乎无缝对接，鼓励中小学师生利用高校图书馆学习，做研究性课题。也鼓励高校图书馆与企业合作，为当地社区民众举办科普讲座、信息培训等活动。我在日本上智大学做访问学者期间，就经常看到高校图书馆为社区举办各种公开讲座等活动。

三是进一步拓宽社会合作的途径。高校图书馆的社会化服务不应该只局限于图书馆空间内，不应该仅仅是"输出"，更应该做好利用社会资源的"输入"工作。高校图书馆可以与当地教育文化部门、博物馆、美术馆、科技馆、名人纪念馆等机构以及当地的社会名流、科技精英、成功企业家、劳模英雄、优秀教师等人才建立广泛的联系，通过名家讲堂、翻转课堂、真人图书馆、馆际交流等活动，引入各种优秀的教育资源，丰富和完善高校图书馆的活动内容。

以师范大学的学校图书馆为例，在对中小学师生开放的同时，还可以有意识、有计划地邀请当地名师到图书馆开"名师讲堂"，讲述他们的成长之路。甚至可以在高校图书馆建立名师工作室，鼓励优秀教师带着师范生一起阅读教育理论著作，讨论教育教学的案例，帮助制订实习方案等，这对于师范大学的师生成长无疑是非常宝贵的资源。而对于一线教师来说，在"输出"的同时，也可以利用高校图书馆的丰富馆藏，进行专业阅读和专业写作，让自己成长得更快、更好。

高校图书馆不仅在大学生的学习中起着至关重要的作用，在推进社会文明的过程中也有着重要的作用，只是现在还基本处于"养在深闺人未识"的状况。随着社会文明的发展，随着终身学习时代的来临，会有越来越多人关注这个问题。

人大附中初中学生读书的启示

　　《走进名著——人大附中学生这样读书》是一本初一初二学生的读书笔记精选。两年多来，于树泉老师和备课组的教师们"咬定青山不放松"，带领孩子们持之以恒地阅读中外文学名著，通读了很多大部头文学经典。据粗略统计，学生人均课外阅读文学名著在20部以上，人均写出读书笔记在两万字以上。这本书很厚，却只是笔记汪洋中的一滴水。于老师和吴凌老师在学生读书笔记中精选出这很少一部分，编成了这本60多万字的书。

　　在这个大多数人只为考试和分数忙碌的时代，有这样的学校、这样的教师和这样的学生，长期坚持阅读，追随经典而行，真的不容易。我一直认为，对于孩子的成长而言，没有比培养阅读兴趣、阅读能力和阅读习惯更重要的事。打开这本书就能发现，从初一到初二，随着阅读量的增加，学生所写读书笔记的内容有了极大丰富，学生的写作水平有了很大提高，从语言表达、布局谋篇到思维能力、认识水平，很多学生发生了判若两人的变化。

但这些远不是阅读经典带给孩子的全部，甚至也不是孩子们从经典阅读中获得的最为宝贵的收益。因为经典阅读的作用，不仅在于激发了读书兴趣，培养了阅读习惯，拓宽了人生视野，丰富了人文积淀，为孩子未来的高中学习、大学生活打下了良好的基础，更是陶冶了性情，砥砺了意志，滋养了心灵，成长了生命，给孩子涂好了精神底色，为其人生大厦夯实了根基。

我并不十分在意这些读书笔记写得多么文采飞扬、精彩纷呈。我看重的是那些伟大的经典名著与学生的心灵产生了多少共鸣。无论这些学生将来置身什么领域、从事何等工作，这种由名著阅读养成的审美品味和专注的阅读习惯，都将使他们获益无穷。一个真正与经典同行的人，一定能够走得更远。从这个意义上说，一名教师若能带领学生开展有效的经典阅读活动，无论对学生、对父母、对学校，还是对社会、对国家、对民族，都是一件功德无量的事。

从人大附中学生的读书中，我们的学校教育可以得到以下几点启示。

首先，要把握住最佳时机，解决"阅读时间"问题。小学阶段是阅读的黄金季节，是培养阅读兴趣和阅读能力的关键时期。但由于年龄、心智水平、接受能力的限制，有一些伟大的经典名著并不适合在小学时阅读。到了高中，课业负担很重，学生又往往无暇他顾。于老师认为，培养阅读能力的黄金时间应该在初中，尤其初一初二。一旦没在初中阶段进行有质有量的课外阅读，错过了这一读书的黄金时间，指望到高中、大学或走上工作岗位后再提升读写能力，实际上已经意义不大。因为，一旦在初中阶段没有激发出学生的读书兴趣，没有帮学生养成读书习惯和阅读能力，那么他们在今后的学习生活中就会对读书心存障碍和抵触。由于不会读书将导致不去读书、不想读书，其阅读理解能力也将因此被终生"定格"在一个比较低的层面上，再难补救。人大附中的教师们正是抓住了这一闪而逝的两年时光，充分加以利用，因而取得了不凡的成绩。

其次，要推荐最佳作品，解决读什么的问题。在解决了阅读的价值和意义之后，读什么就是阅读的最重要的问题了。作品过浅过易不利调动阅读兴趣，而过难过偏——比如厚古薄今、厚外薄中的倾向，同样会形成阅读障碍，影响阅读的展开。人大附中的名著阅读活动，是从中国现当代经典作品起步的，比如鲁迅、茅盾、老舍、巴金、沈从文、钱锺书、宗璞、路遥、余秋雨、史铁生、林清玄、龙应台、莫言等，作品则包括《呐喊》《茶馆》《子夜》《红岩》《边城》《四世同堂》《狼图腾》《文化苦旅》《野葫芦引》《平凡的世界》《穆斯林的葬礼》等。在阅读《平凡的世界》时，一个同学写道："一打开《平凡的世界》，我的魂儿就被吸进去了！"当合上这部书时，他又满怀不舍地写道："结束了吗？我又向后翻去，只有空白的纸张作为回答。真希望它能够一部接一部，不停地继续下去，而现在遇到了告别，我有点不舍了。舍不得放下，舍不得离开，舍不得手中的这个平凡的世界。"《四世同堂》更是强烈地打动了孩子，有的同学一鼓作气地通读作品之后，又从头细细地加以揣摩，有的同学甚至看了三五遍。

在对现当代名著产生浓厚的阅读兴趣之后，教师再推荐作品时，从时间上适当向古典名著扩展，从空间上逐步向外国名著扩展，从体裁上则向散文、人物传记、纪实作品扩展，逐渐拓展孩子的阅读视野。学生在司汤达、莫泊桑、小仲马、高尔基、狄更斯、雨果、梭罗的著作中畅游；托尔斯泰《战争与和平》的崇高，莎士比亚"四大悲剧"的震撼，《堂吉诃德》中的荒唐骑士，《静静的顿河》中骁勇非常的哥萨克，《百年孤独》里触目惊心的布恩迪亚家族传奇……带给学生巨大启迪和极大乐趣。就这样，学生对阅读经典产生了强烈兴趣，阅读的局面就随之打开。

第三，要有科学有效的方法，解决怎么读的问题。经典阅读是语文学习之根，是心智成长的基础，现在已有不少人对此有基本的共识，但在许多学校，往往是给学生一个长长的书目了事，对于学生读没读、怎么读，则很少去做具体的指导和持之以恒的引领，这样的经典阅读形同虚设。于老师他们则不然。他们每次推荐一部作品，往往要求师生共读，年级同学共读，甚至学生父母共读。读完一部，再推荐下一部。与此同时，要求学生写下自己的真切感受，每周不少于一篇，篇幅长短不限，体裁形式不限，内容角度也不限。关键是要放手放胆，写出真意和个性，展示思考和才情。学生的读书笔记，教师有批阅，有讲评，有指导。优秀的读书笔记作为范文印发全体学生，既是示范，又是激励，充分调动同学读书和写作的热情。两年来，教师们一直坚持这种以阅读带动写作、以写作深化阅读的做法，使学生的阅读速度、阅读兴趣、阅读质量不断提高，读书笔记越写越好，达到了读写结合、读写共进的目的。其实，这种做法与新教育实验倡导的

"共读、共写、共同生活"理念完全一致。共同的阅读，不是一项简单的阅读活动，而是一种以团队智慧补个体思考之欠缺的有效阅读，尤其在形成共同的语言密码、共同的价值和愿景上效果显著，对于班级文化和学校精神的构建具有重要的作用。

其四，要有敢于担当的自信，这是一切问题的根本。在"应试教育"的大环境中，在相当程度上，教育已退化为教学，教学已退化为传授课本知识，传授课本知识已退化为追求考分。素质教育如此节节"败退"，也推波助澜地让以考分高低判断学生优劣、决定学生命运成为较为普遍的社会现实。许多父母甚至学生自己都认为，名著阅读千好万好，但对提升考试成绩没有立竿见影之效，花这么多时间读书，远不如用来做习题。在这种情况下，去引导学生走进经典、阅读名著是要承担风险的，也很容易招致非议，是件受累不讨好的苦差事。但是，人大附中的于老师和他的伙伴们知难不退，充满自信。他们坚信阅读的力量，坚信教育的规律，并且通过创造性的工作，让学生们与那些伟大的灵魂对话。因为他们坚信，任何劝导规训的金玉良言"都比不上他自己翻开书页，亲身体验书本中奇妙而广博的世界"。从小学时的只喜爱看漫画笑话到热衷阅读自然科普、文学、历史、军事、经济；从只关注情节、爱看热闹到细品人物、感悟人生；从迷恋电脑游戏、上网聊天到端坐台灯下与一本好书相伴相知；从觉得阅读名著于考试分数无益反而耽误时间到把阅读名著当作最重要的精神食粮；从皱着眉头、咬着笔杆苦苦写不出读书笔记到酣畅淋漓、不吐不快地尽诉心声……学生们的生活改变了。曾经嘲笑革命烈士的照片为"傻样"，而今心中对先辈充满最崇高真挚的敬意；曾经质疑中国落后的装备怎么可能在抗美援朝时打得过先进的美国军队，而今他们相信信仰的力量是无穷的源泉；曾经作为小学时被光环笼罩、眼中有不屑、心中有傲气的骄子，而今懂得了生活中有无数值得敬畏的事物，于是日益沉静谦逊……学生们的心灵改变了。而改变的，又岂止是学生？于老师他们也体验到成功的喜悦，他们自豪地写道：

　　这种成长的过程是神奇的变化，悄悄地、静静地、默默地发生在每一个孩子身上，这种成长不仅仅是你能看到的长高大了、变健壮了、知识渊博了、能力增长了；更重要的是他们得到了一种能一直向前、不畏艰险的勇气，拥有了一种明辨是非、拒绝诱惑的力量，获得了一种陶冶性情、滋养心灵的妙方……孩子们正坚实地走在属于他们的人生的路上！

是的，学生们青春生命的拔节，也正是教师们教育生命的丰盈。

缔造书香充盈的教室

对于师生来说，在学校中的大多数时间都是在教室里度过的。缔造一间具有书香气息的教室，对于推动阅读可以起到直接或间接的作用。在具体做法上，可以在以下四个方面着力。

一是营建浓厚的阅读文化环境。将书香元素作为完善教室文化建设的重头戏，充分发挥环境对学生阅读的唤醒功能，在耳濡目染中，"使读书成为每个孩子最强烈、精神上不可压抑的欲望"（苏霍姆林斯基）。如利用教室墙壁呈现读书的名言警句、师生共读宣言，设立好书推荐海报、学生阅读成果分享展示区等。

二是配置高品质的班级书柜，设置图书角。新教育实验特别强调在班级里为学生配置足够的图书资源。不少实验校探索出了通过从图书馆里流动一点、学生家庭众筹一点、同伴互助共享一点、往届学生捐赠一点等办法解决书源问题，既满足了学生的阅读需求，又保证了图书种类的不断增多。陕西安康汉滨区培新小学的陈老师，在"花儿朵朵班"开展了"小书袋"漂流活动。由父母结合学校阶梯阅读书目和各大名校推荐书目确定"小书袋"装什么书，所有图书由家委会统一购买，为每一个小书袋配装5本图书，并设立"阅读公约""阅读记录卡"，在期末庆典上举行放漂仪式，每半个月轮换一次。这样保证了每个孩子小学六年至少读完400本书。

一个理想的班级书柜应做到：书目精心筛选，学科教师都有推荐书目；图书质量高，类别齐全；图书按主题和难度等级进行分类，并把同一类书放在相应的格子里；生均数量不少于10册，且不断更新；有规范的借阅公约和学生阅读记录；书柜有独特的名字，外观整洁，布局合理；学生自主管理，有创意。西安高新区第四小学通过班级家委会，开展"花10元钱帮孩子读×本书"行动（×就是班级人数），满足了学生自由阅读时对优质图书的需要。

三是重构适合团队合作、独立学习、同伴切磋的阅读空间。主动适应学校成为学习中心、教室成为学习工作室的未来教育趋势，有意识地重新设计教室，增加可以在教室内进行的学习形式。如改变秧田式桌椅排列方式，开辟阅读区或阅读角，在幼儿园和小学中低年级搭建阅读小帐篷等。

四是留出充足的阅读时间。真正迷恋上好书的孩子，阅读就是精神生命的深度娱乐。而对好书的迷恋，需要充分的时间做保障。时间都是挤出来的。如不少新教育实验学校每天安排20分钟的晨间自由阅读，30分钟的午间整本书静读，每节课开始时安排3～5分钟的阅读分享，课后延时服务安排专门的阅读时段，将自主阅读作为每天的家庭作业，每周开设1～2节阅读课，每学期用一周左右时间举办读书节等。看似七零八落的时间，汇聚成浸润书香的时间长河。

办好中小学的"精神食堂"

江苏的一位朋友曾经给我寄来整整两大箱图书，里面有一部分是血腥暴力、封建迷信、穿越玄幻、恐怖惊悚甚至宣扬日本军国主义的图书。他告诉我，这些图书都是通过公开招标进入中小学校的。他介绍说，目前中小学图书采购招标中的不法行为屡见不鲜。一些招标文件甚至是为某个意向投标人"量身定制"，并乱设门槛，限制其他投标人的公平竞争。一些书商定制了专门服务招标的高定价、低折扣的特价书。此举直接导致并不富足的购书经费被这些劣质图书侵占，那些真正适合中小学生阅读的思想性强、知识性强的书籍却进不了校园。

中小学图书馆是师生的"精神食堂"。中小学图书招标采购行为就是为"精神食堂"配营养餐。从目前的情况来看，对中小学馆配图书的质量整顿已经刻不容缓。而要想从根本上整顿好图书质量，必须首先进一步规范中小学图书的招标采购行为。

一是要尽快组织专项行动，检查剔除劣质图书。由教育部、文化部、国家新闻出版署等联合发文，要求全国各地中小学图书馆在一定期限内组织相关专家进行一次全面自查。明确中小学图书的质量要求，将那些不适合中小学教师及学生的图书、音像制品和电子出版物剔除出学校图书馆。并在学校自查结束后组织专业人员赴全国各地进行随机抽查。

二是要组织研制中小学图书馆基础书目。教育行政主管部门应当组织相关专家或者委托专业教育研究机构研制一套科学严谨，富有教育性、启发性，适合中小学师生阅读的中国中小学学校图书馆基础书目。各地的中小学馆配图书招标采购项目至少70%~80%的图书必须从该书目中选择，其余20%~30%可以由当地教育部门、学校组织自选。

三是要规范组织集中采购行为。根据图书商品的特点，制定专门针对图书招标采购行为的评标办法，避免恶意低价竞标行为。对于不具备独立采购的地市和县级教育行政部门，可以采用由省一级的教育装备主管部门集中采购的方式，以避免地市级、区县级由于评审能力缺失、招标监管缺失等原因采购到劣质图书，从而遏制中小学馆配图书采购的乱象。

四是要公开采购书目与中小学馆藏书目。公开是最好的监督。中小学图书馆馆配图书采购全程公开透明，中标图书的品种、价格、出版社、版次等信息全部上网，对责任人进行公示，对中小学图书馆的馆藏书目也一并公开。

五是要建立长效督查机制。政府应该尽快制定出台更加严厉的政策法规来规范中小学馆配图书的采购活动，并建立一套切实可行、行之有效的责任追溯机制和督查机制，随时随地赴各地进行抽查，对违规现象发现一起、查处一起，对违反规定采购的行为进行责任追溯。建立和完善督查责任制、专项督查制、督查通报制等制度，形成纪委监察、财政审计、文化督查各司其职、各负其责的督查网络体系，强化督查工作的制度化、规范化、经常化。对有令不行、有禁不止、违法情节严重的政府采购经办人员，纪委监察部门要依法依规严肃查处。

中小学生是中华民族伟大复兴过程中的新生代力量。图书质量决定着学生阅读的品质，阅读的品质决定着学生的未来和民族的希望。为此，我们要进一步规范中小学图书招标采购行为，从严把控中小学馆藏图书的品质，决不能让那些影响师生意识形态、侵蚀师生心灵的不良出版物进入中小学图书馆，让我们的孩子有一个高质量的"精神食堂"。

理想的学校图书馆应该是什么模样

中小学的图书馆建设非常重要。苏霍姆林斯基就认为，图书馆在学校发展中发挥了十分重要的作用，主张学校应有足够的图书供学生阅读，甚至边远的农村学校也不例外。他说："在学校图书馆或教师私人藏书中，应当备有发展了教学大纲材料知识的书籍。这类书籍已出版很多，正在出版的也不少。阅读有关现代科学前沿的书籍有助于阐明学校的基础知识。""学校应成为书籍世界。你可能是在我国遥远的角落里工作，你所在的乡村可能远离文化中心数千公里，你学校里可能缺少很多东西，但如果你那里有充足的书籍，你的工作就能达到与文化中心同样的教育水平，取得同样的成果。"也就是说，如果一个学校拥有品种足够丰富、品质足够卓越的图书，能够为教师和学生的精神成长和学科学习提供足够好的支持，即使是农村的学校，在文化实力上也足可以与城市学校媲美。

苏霍姆林斯基担任校长的帕夫雷什中学是一所乡村学校，但是他们的图书馆藏书达1.8万册，藏书中包括已列入世界文学宝库的所有著作以及应当在童年、少年和青年早期必读的最低限度的那些书籍。此外，还有数学专用室、语言文学专用室、外语专用室等，这些专用室也有各自的专业书籍，如语言文学专用室收集了两百部文艺作品，这是每个人在校期间都要看完的。我曾经考察过台湾地区最好的中学之一建国中学，学校图书馆的藏书就非常丰富，而学校图书馆的馆长，也是由学校公认的最有学问的教师兼任的。

新教育实验一直倡导"学校建在图书馆中，学习发生在图书馆中，学生成长在图书馆中"，就是希冀个体或群体可以在图书馆这个空间里做研究，提出各种问题，探索每天的突发奇想和一生的热爱。

丰富的图书储备是阅读行动的基本保障。德国作家黑塞说："只有当书籍将人带向生活、服务于生活、对生活有利的时候，它们才拥有了一种价值。"让师生过上"书式"生活，需要把数量足够、质量上乘的书籍带到他们身边。

受多种因素的制约，当下学校图书馆的价值未能充分挖掘，资源浪费现象十分严重。主要表现在：虽然数量达标但复本过多、质量不高、借阅不便；功能定位过于单一，多数图书馆功能仅限于图书的存储和借阅，图书馆沦为藏书的仓库；资源配备实用性不强，馆藏书目缺少针对性，书目整体质量不高，缺少针对学生综合学习的支撑性资源；环境氛围缺少趣味性，多数图书馆阅读环境单调无趣，书架及存放模式按成人视角库房式摆放；管理水平不高，管理人员不懂如何指导学生阅读，开放时间太短无法满足所有学生借书，多数停留于借书、还书的基础管理，缺少对学生阅读兴趣的激发活动，阅读课程的开展不足。

教育部印发的《2019年全国中小学图书馆（室）推荐书目》中明确要求，中小学图书馆（室）藏书量不得低于小学25册/人、初中35册/人、高中45册/人的标准，且图书复本量合理，满足师生借阅需求，图书馆（室）每年生均新增（更新）纸质图书应当不少于一本。建议各地要创新图书选购模式，尽可能还师生的选择权。

江苏海门正余初中的李晋校长，添置图书时总是先让教师和学生自己开书单，写出他们想要读的书，然后由学校统一购买。有一次，一位学生直接找到李校长，说要读东野圭吾的书。李校长说，学校"点点书吧"里不是有好多书吗？那位说学生已经全看完了。李校长暗自惊喜的同时，让这位学生把还想看的书全部列出来。第二天，这位学生将包括东野圭吾著作在内的一张清单送到李校长的案头。李校长很快就按这份书单帮助这位学生买到了需要的书。

理想的学校图书馆应该具备四个特征：包容性——无论性别、年龄、身份，图书馆都对其开放；开放性——无需任何证件，无需任何手续，都可以进入图书馆看书；文化性——提供联结共享的文化资源，开展文化活动；公共性——成为教师、学生、父母、社区居民公共生活的空间。

面对未来学校学习方式的深度转型，学校图书馆的功能需要重新定位，致力将图书馆建成学生自主学习支持中心、学校课程创新发展中心、家校协作育人中心，让图书馆真正成为人与思想联结的地方。在具体操作上，建议抓住以下四个切入点升级学校图书馆建设与管理。一是环境提升。满足课程实施和阅读兴趣激发两大核心设计理念，合理定位功能区域。同时在光线色彩、图书摆放、桌椅陈列、网络音响、绿植养护等方面，给阅读者以舒适而温暖的感受，让图书馆成为师生迷恋的地方。江苏常州武进星河实验小学在图书馆内放置了许多动物造型的小坐垫，满足了学生舒适阅读的需要。二是智能管理。以"人找书便捷、书找人精准"为基本理念，引入智能化的管理设施设备，满足集中借还、自助借还，实现开放式管理。配备现代全媒体资源及科技体验手段，如墨水屏阅览器、影片资源库、VR体验区等。三是阅读促进。发挥图书馆对阅读的促进推广价值，在图书馆内设计图书推荐机制、阅读测评机制和阅读表彰机制，设置阅读检测终端和展示屏。特别要选好善于推广阅读的馆长，创新选书、荐书方式，添置与读者匹配度高、有品质的"精神食粮"，倡导"每个人都是读者，每个人都是图书馆管理员"，常态化组织读书、荐书活动，避免图书馆内的好书"藏在深闺人未识"。四是课程开发。在图书馆开设信息素养课程、学科融合课程、项目学习课程以及一些主题类人文和科技大师讲坛等课程，带动校本课程的开发。

随着数字化时代的到来，搜索引擎可以帮助我们找到所需要的信息，越来越多的书可以在移动设备上而不是书架找到。这就需要我们用互联网思维考虑学校图书馆建设与管理模式，建立以云为基础的图书馆管理平台，实现学校图书馆与社会图书资源的共建共享，让学校图书馆变得"无限大"。在这样的大背景下，一些学校正在考虑关闭中心图书馆，将图书分散放置在各个地方；还有一些学校选择改变图书馆功能，让它变成大型活动中心的一部分；还有一个趋势就是建立一系列小型图书馆。不管学校采取何种方案，图书馆的根本作用是为各个年龄段学生提供便于阅读、爱上阅读的场所。

总之，应该营造一个以图书馆为中心的健全的阅读设施，让学校有浓郁的阅读氛围，成为真正的读书场所，成为师生共同的精神乐园。重视学校图书馆、年级图书广场和班级图书角建设，加大投入，尽可能做到在学校的任何地方，书籍都能触手可及。应该精心选择和采购适合学校不同年级师生的图书，满足不同学科学习与项目式学习的需要。应该让学校最有学问、最爱阅读的教师担任图书馆馆长，把图书馆变成真正的学习中心。图书馆尽可能全天候开放，允许学生随时到图书馆查找资料，进行研究性学习。可以结合教学内容把相关的图书放到年级的图书广场和班级的图书架，让学生更加便捷地得到需要的图书。

拓展中小学校园的阅读景深

　　一所没有书香气息的校园，永远不可能有真正的教育。新教育提倡把学校建在图书馆中，就是期待在校园里到处可以找到读书之地，到处可以看到读书之人，到处可以听到读书之声，让整个学校环境看起来都像图书馆。

　　随着"在校园四处分配资源"思想的兴起，实体图书馆规模会变得越来越小，但校园内的楼梯口、走廊过道、楼层拐角、建筑墙壁、草地路旁、大树底部等相对宽敞的地方则可以开发成新颖别致、小巧玲珑、形式多样的书屋、主题阅读馆、书吧、书亭、书站等新阅读空间，满足学生多样化的阅读需求。这些空间离学生更近，存取更加方便，阅读体验更加自由舒适，能够较好地实现"走到哪儿读到哪儿"的目的，在潜移默化中引导学生积极阅读。

　　深圳新安中学（集团）第一实验学校袁卫星校长，

致力于把学校建成一座图书馆，打造园林式书院，构建泛在学习环境。他们结合师生阅读实际，把大量馆藏图书分门别类放置到各个楼层的壁柜里，全面开放，自主管理，取消借阅条件和环节，让书籍成为流动的生命。学校在一楼大厅推荐了初中必读书目30种、小学必读书目30种，将同一作家的不同书目及同主题相关书目集中陈列，便于学生随时阅读和专题阅读。学校还以"仁、义、礼、智、信"为专题，在五个楼层摆出传统文化类书籍。图书搬到了学生触手可及的地方，学校成了永远开放的图书馆，学生从"做题郎"变回了"读书郎"。在江苏常州武进湖塘桥中心小学，奚亚英校长也做过同样的事情——把学校图书馆所有的书籍都搬到校园的角角落落。因为无限相信阅读的力量，这所农村小学先后走出了2位"江苏人民教育家培养工程"培养对象、6位特级教师和54位校级管理人员，可谓书写了新教育的传奇。

新教育早就提出了"文化为学校立魂"的命题，阅读文化当然是学校文化建设的应有之义。新教育学校大多有主动向阅读要文化品味的思维，创生丰富多彩的阅读环境，主动讲好学校文化景观的故事，让阅读内容在校园成"像"、成"型"，让学校景观文化成为课文掌故、历史经典的再现、延续和创生，以此唤醒更多孩子的好奇之心，吸引他们走进经典，回味经典。比如：在醒目的地方呈现关于阅读的名言警句；给校园内的一花一草一木配上新教育晨诵里的诗歌；用师生熟悉、喜欢的经典书名、角色形象等命名学校的楼宇、路道、场馆、社团；将经典名著中生动的场景、画面，复制到校园空间里，增强学校景观文化的"可读性"。

在清华附小的校园里，有一棵长满"书"的大树，树枝上挂满了各种各样的经典图书。课间，孩子们纷纷来到树下，仰起小脸，看着那些让他们着迷的"图书伙伴"。萧山银河实验小学校园内有十条主干道，他们以世界十大经典著作中的人物形象命名，如犟龟路、小王子路、萨哈拉路等。每条路都承载着一个儿童品性的关键词，如坚持梦想、担当责任、亮出自我等，巧妙地将阅读、文化、德育融合在一起，把学校变成了一本立体的大书。

学生阅读的六字诀

学校最美的风景是一群手不释卷的孩子，在校园的角角落落诗意地"栖居"。学生是书香校园建设最应关注的"首席"，只有学生爱上了阅读，教育才有希望，民族才有未来。

美国诗人惠特曼的一首诗中写道："有一个孩子每天向前走去，他看见最初的东西，他就变成那东西，那东西就变成了他的一部分。"无数事实表明，童年时期的阅读是一个人最好的生命供养。人在14岁之前应尽可能多地去阅读，不仅读到的东西会记忆深刻，而且有利于养成阅读习惯。如果学校、家庭注重从小鼓励孩子形成自己的阅读兴趣，体会到读书、选书的乐趣，那么爱书、读书的意识就如同一粒粒种子，在他们心灵世界里发芽、生根，最终长成参天大树。

英国儿童阅读专家艾登·钱伯斯认为："读者是培养出来的，不是天生的。"关注学生阅读，把学生带进书的世界，享受阅读带来的乐趣，可以从学生"成长六字诀"的六个维度进行思考与实践。

第一个字，信。一方面要相信学生，相信阅读。我们不是从孩子身上看到了希望才相信孩子，而是相信了孩子才能有希望。另一方面要通过阅读真正代表中华文化优秀成果的作品，让学生对中华文化产生信任、信赖、信仰，建立起学生对世界、对人的根本信任。

第二个字，望。首先是激发学生的阅读愿望。好奇心是打开未知世界的一把钥匙，也是阅读最重要的动力。江苏泰州姜堰实验小学在校园里用报废的公共汽车复制"巴学园"的场景，在楼道的拐角处用绳线编织"夏洛的网"，在学校的一个角落里搭建出"草房子"，从儿童的美学体验出发，激发了学生阅读《窗边的小豆豆》《夏洛的网》《草房子》等作品的愿望。其次是通过阅读帮助学生构建希望，形成人生的理想。学生读《居里夫人传》，会被科学家不轻言放弃的坚韧品格所感动；读《绿野仙踪》，会相信坚持就有奇迹；读《苦难辉煌》，会懂得什么是正义、艰辛和伟大。

第三个字，爱。苏霍姆林斯基说过，一个非常重要的教育任务，就在于使读书成为每个孩子最强烈的精神上不可压抑的欲望。带领学生阅读，特别强调培养学生对阅读的挚爱，以及通过阅读保持和发展学生对世界的热爱。学生如果能够沉醉于没有功利的阅读，那种感觉会如同爱情一样深刻地影响他们的一生。新教育年度人物郭明晓老师所带的学生六年人均阅读量达到了3,000多万字，晨诵诗歌1,000多首，师生创作诗歌600多首。她所带班级的学生对阅读几乎达到了痴迷的境界。

第四个字，学。苏霍姆林斯基曾说过："一个不阅读的孩子，就是一个学习上潜在的差生。"学，在某种意义上，指的就是阅读本身。阅读能力是最重要的学习力，阅读是学习最主要的路径。无数事实表明，阅读力强的学生学业水平都有上乘的表现。在一个必须终身学习的时代里，爱上阅读、具有阅读能力的学生，就意味着掌握了安身立命最重要的根本能力。因此，我们如何强调阅读都不为过。

第五个字，思。学而不思则罔，思而不学则殆。有思考的阅读才是真正的深度阅读。只有在阅读之中独立思考，才能够让自己的精神世界有深度。因此，要培养有思考力的学生，仅仅读了是不够的，还要引导他们把自己阅读的东西说出来和写出来。培养学生的思考力，选择一些有挑战性的书籍是非常必要的。在读书的过程中，要能够主动提出问题，学会欣赏、比较、分析，从而形成自己的思想。

第六个字，恒。在五光十色的世界里，静静地读一本书所需要的恒心远远超过了看电影、玩游戏。培养学生阅读的恒心，一方面要用影视课、讨论会等新手段、新方式，吸引学生阅读。如江苏淮安天津路小学的王艳老师研发了"光影阅读"课程，有效地把新教育的电影课与阅读结合起来，取得了很好的效果。另一方面，成人要对学生的阅读进行有效引导，以各种巧妙的方法进行"干预"。如山东莒南第一小学以"思维导图"记录阅读、以"经典剧场"演绎阅读、以"小小书迷见面会"对话阅读、以"跟着课本去旅行"研学阅读、以"我的签名售书会"表达阅读，丰富了学生的阅读体验，帮助学生养成内在的阅读习惯，让阅读成为了学生不可或缺的生活方式。

专业阅读，让教师成为更好的自己

　　建设书香校园，有一支热爱读书的教师队伍非常重要。读书是教师成长的基本途径，苏霍姆林斯基就要求教师"要天天看书，终生以书籍为友，这是一天也不断流的潺潺小溪，它充实着思想江河。阅读不是为了明天上课，而是出自本性的需要，出自对知识的渴求。如果你想有更多的空闲时间，想使备课不成为单调乏味地坐着看教科书，那就请读科学作品，要使你所教的那门科学原理课的教科书成为你看来是最浅显的课本。要使教科书成为你的科学知识海洋中的一滴水，而你教给学生的只是这门知识的原理"。教师应该成为学生读书的引路人，应该会为不同的学生选择最适合他们的书籍。苏霍姆林斯基曾经说过，如果一个班有30个学生，在教师的书架上就应当有300本书供他们选择。"教师教的不管是哪一门功课，都应当激发学生对书籍的迷恋，这里指的是那些渗透着思想性，能使一个即将步入生活的人得到提高，变得高尚起来的书籍"。他打过一个形象的比喻：书籍就像沉睡在图书馆书架上的巨人。只有通过教师，才能"使沉睡的巨人苏醒过来，投入少年的臂膀，拨动他的心弦和理智，往他的胸怀里灌输神奇的力量"。

在苏霍姆林斯基的影响下，他的学校中教师的个人藏书达4.9万册。如文学教师达拉甘的藏书有1,000多册，物理教师菲利波夫有1,200册，教导主任雷萨克有1,500多册，语言教师科斯奇科和列兹尼克各有1,400~1,500册，苏霍姆林斯基和女儿苏霍姆林斯卡娅的私人藏书共有1.95万多册。另外，学校中的每个教师都订有几种杂志和几份报纸，这些图书和报刊都可以彼此互阅。优秀的校长首先要点燃教师的阅读热情，把教师培养成为爱读书的人和善于指导学生读书的人。

教师的读书研讨交流，对于培养教师的阅读兴趣和提高教师的阅读能力，具有重要的意义。在帕夫雷什中学，教师大约每月两次结合自己的阅读向同事们作学术问题的讲演，并且配合每个讲题在教师陈列橱里或校图书馆里陈列有关的书刊资料。苏霍姆林斯基曾经很骄傲地说："集体的智力财富之源首先在于教师的个人阅读。真正的教师必是读书爱好者：这是我校集体生活的一条金科玉律，而且已成为传统。"

新教育认为，没有教师的专业阅读，就无法造就真正的教师。教师的阅读史，不仅是他的精神底色，也是他的教育蓝图。为此，新教育主张教师要有"吉祥三宝"：专业阅读，站在大师的肩膀上前行；专业写作，站在自己的肩膀上攀升；专业交往，站在团队的肩膀上飞翔。其中，专业阅读是最基础、最关键的行动。

专业阅读能让教师发现更好的自己。正如《中国教育报》"2015年度推动读书十大人物"之一冷玉斌所说的那样，书好像一面镜子，把书读进去，在书中可以看到自己，照出自己，最终让每个人都有"表情独特的脸庞"。李镇西之所以被誉为"中国式的苏霍姆林斯基"，与他几十年如一日追随大师的思想有很大关系。他几乎读完了国内所有苏霍姆林斯基的著作，还专门去苏霍姆林斯基曾经担任校长的帕夫雷什中学"朝圣"。他的话语体系、行为方式、成长路径，都形成了自己的特色与风格。

专业阅读是名师成长的有效路径。优秀教师是读出来、写出来的。阅读能够帮助教师实现精神突围，提供反思和进步的能量。特级教师闫学说："我的成长史就是完善知识结构的阅读史；我的成长史就是笔耕不辍的写作史；我的成长史就是课堂实践的磨炼史；我的成长史就是持续反思的研究史。"教师的教育智慧来自于人类那些最伟大的著作之中。一个不读书的教师，不可能在教育教学实践中迸发出新鲜的灵感和思路，也根本谈不上做有价值、有意义的教育反思和教育写作。

有专业阅读的教师对学生的影响是温暖而持久的。教师是教学生学会阅读的最关键的引路人。拯救阅读，应该从拯救教师阅读开始。领读学生，教师要先领读自己。要认识到无论处于多么不如意的教育环境，无论所面对的是怎样令人焦虑的教育现实，都应该通过专业阅读让自己丰富、温润、强大起来，站在大师的肩膀上前行。有一位教师新到一所小学当班主任，发现这个班的学生在早读时间很吵闹，而且迟到的人很多。开始，她试图用批评干涉的方法改变学生，但都不见效。新的一周开始后，这位班主任每天早早端坐在讲台前，旁若无人、声情并茂地朗读自己喜爱的作品。老师的行为引起了学生的好奇，一些学生被老师的作品所吸引，另外一些学生则回到自己的座位，拿出了课本和自己喜爱的书。一个月后，班上再没有迟到的学生，教室里响起的是教师和学生的读书声。

推动教师专业阅读，关键在于教师的自我觉醒和自我实践。正如有人所说的那样:"你永远无法叫醒一个装睡的人,除非他自己想醒来。"当然,当外部推力和内在响应二者同节合拍时,教师的专业阅读就会步入快车道。

学校、区域层面可以在以下三个方面对教师专业阅读施加影响。其一,营造专业阅读氛围,让教师有兴趣读。最好采用共读的方式,让大家一起读像《读书是教师最好的修行》之类的书,激发大家的阅读热情。其二,搭建阅读分享平台,让教师有动力读。当教师有了一定的热情后,可以坚持共读与自读并行,让教师有一定的选择权。同时,积极创造条件,让教师的读中所得被看见,增加教师的阅读获得感。其三,优化专业阅读结构,让教师有营养地阅读。教师专业阅读的根本任务,是构造一个合宜的大脑。专业阅读必须回到对根本书籍的研读中来,恢复原初思想的能力,恢复重新面对根本问题,并从根本问题出发思考当下问题的能力。因此,阅读教育经典,与过去的教育家对话,是教师成长的基本条件,也是教师教育思想形成与发展的基础。教师聚焦自己的教育地图,走出阅读的"舒适区",站到精神的最高处,就能看到开阔、纵横的无限空间,看到更加丰富的人生层面。

校长的书柜里装着学校的未来

对于推动一所学校的阅读而言，校长对阅读的热爱与引领，无疑是具有重要作用的。甚至可以说，校长的阅读状况既决定其理解与诠释教育内涵的水准，也决定着其规划与管理学校发展的眼界。不管是放眼世界，还是观察周围，凡是办学较为成功的学校，尤其是那些中外名校，他们的校长大都是喜爱阅读，进而能够指导阅读，并大都善于著书立说的人。如果校长自己与教科书之外的书籍无缘，不喜欢阅读，更不知道阅读对包括自己在内的全体师生精神成长的重要性，这在学校教育的世界里恐怕是最荒谬不过的事。

河南焦作修武第二实验中学的薛志芳校长，将"读好书、做好人"作为修身养性的准则，视读书为不可或缺的生活常态，个人的图书阅读量每年都在100本左右。在他的影响带动下，学校80%的教师参加了"四棵柳"读书沙龙，沙龙成员先后写成了17,000多篇读书笔记或随笔。全校30个教学班，每天上午30分钟的阅读课，全部不用教师看班，所有学生都能够在音乐声中静静地阅读。

新教育倡导的理念认为，校长的书柜里装着学校的未来，校长的阅读高度决定着学校的发展高度，校长理应是书生。对校长这个特定的人群来说，他们阅读的出发点与归宿是为了理解教育，明白管理，做视野宽广的教育管理者。理解教育，才能真正引领学校，让学生在教师的激励与帮助下既成人，又成才。明白管理，才能真正办好学校，让学校中的人、财、物等各项资源的配置效益最大化，效率最优化。校长需要通过不断地阅读，练就一双能识得教育与管理真谛的慧眼。而且，要做一位具有持久影响力的成功校长，必须坚持长期的高品质阅读，才能为自己的思想仓库里备上充足的智慧锦囊。

做书香校园的首席领读者，校长要为自己准备好一张"阅读地图"。这张地图至少要包含以下四个基础板块的读物：一是人文与哲学。所有的教育问题最终都是哲学的问题。如果校长不去考虑普通哲学的问题，就不能正确科学看待现行的教育理念和政策，更不可能提出新的思想。二是美学与艺术。艺术教育是整合各学科的黏合剂，是倦怠时刻的兴奋剂。校长阅读涉猎美学与艺术，就会形成看待世界的第三只眼，找到开启世界的另外一把钥匙。三是教育与教学。这类读物理应作为校长阅读最核心的内容。只有管理者对教育、学习的本质形成了清晰的认知，才可能带领教师通过教育教学活动让学生持续地体验到解决问题的愉悦感。四是文化与管理。校长关注学校的文化与管理，才能更好地建设价值驱动型学校，从而形成优质教育群落，引导学校成员过一种幸福完整的教育生活。

未来的学校与未来的阅读

近年来，我一直在思考和关注未来教育、未来学校和未来学习等问题。我发起新教育实验，也是为了面对新的时代挑战，思考新的技术革命浪潮对教育变革的新要求。

我认为，未来的学校会成为一个学习共同体。也就是说，会由一个一个的网络学习中心和一个一个实体学习中心共同构成学习社区。学校的概念会被学习社区的概念所取代。每个学习中心不再是一个独立的孤岛。现在，每一所学校都是一个封闭的闭环或者说相对封闭的王国，学校之间的联系和交往是偶然发生的。但是，未来的学习中心将会是一个环岛，彼此之间是互通的。真正意义上的学习共同体会出现。学生可以在不同的学习中心选择课程，也可以相互选择课程、相互承认学分，教师也可以跨越学习中心进行指导。这样一种开放的、互联的学习中心将成为趋势。未来的学习将进入一个课程为王、能者为师的新的时代，而阅读，在未来社会中也将发挥越来越重要的作用。

至于说未来的图书与阅读的方式将发生变化，那是毫无疑问的。前几年，三维成像技术就已经进入图书出版、图书传播领域。我主持的"中国人基础阅读书目"中的幼儿、小学、初中、高中等系列图书，就已经用了二维码的技术，把与经典著作相关的视频、影像资料收入书中。2018年，央视主持人白岩松推出了自创图书品牌"From Bai"，将其畅销多年的《痛并快乐着》《幸福了吗？》和《白说》三本书全新再版。但是这次再版，并非简单的重新装帧付印，而是添加了二维码，增加了他特别录制的220小时的视频。他在这套书的发布会上提出，这种新型的出版方式可能会渐成气候，"图书出版应该是立体的——比如说《红楼梦》，能不能把诸位名家对《红楼梦》的点评以立体的方式附在新版的《红楼梦》上？书的页码没变，但是却更'厚'了——我觉得图书出版该向3.0时代挺进。"我认为，未来的图书一定是一种充分吸收了网络媒体和纸质媒体的优势的新型"三维图书"，是一种能够将虚拟现实和增强现实完美结合的新型图书，人们的阅读既能有网络阅读那样的便捷感，又能有纸质阅读那样的切实体验，甚至还能够创造亲临其境的现实感。

不仅如此，未来的图书还会出现新型的互动模式。系列动画短片《神圣机器》的设计者乔西·马利斯已经开发出一种新型的手翻动画书Molecularis，其中的图画是没有上色的，读者可以自由发挥进行涂色，让它成为自己的独家图画书。

当然，未来的图书究竟以什么样的形式出现，凭我们现在的想象力可能还无法预料。正如几年前我们无法想象可以不去实体银行而转账、不必去实体商店而购物一样，20年前我们还很难想象数字化阅读将成为互联网"原住民"的主要阅读方式。

可以确定的是，随着科学技术日新月异的发展，人们会创造出更为先进、更为便捷的阅读载体。未来的纸质图书不仅会融入更多的科技含量，成为真正意义上的融媒体，可能既可以扫码以后直接听书，也可以扫码以后看配上文字的影像，还可以戴上特制眼镜进入虚拟现实的场景，而印刷精美的纸质书、个性化定制的专属图书也可能会成为具有收藏价值的艺术品。

这样的变化引发了许多人对于纸质阅读的担忧。的确，从现象上看，近年来数字化阅读的增长速度明显高于纸质阅读，但是我还是坚持认为纸质阅读仍然具有其重要的不可替代性。就连马利斯自己也承认，纸质书仍然拥有数字化图书等高科技无法比拟的优势：因为它"永远不会没电，不慎掉落在地上也没关系，不用调节屏幕亮度，总是具有高分辨率，借给别人也完全没有问题"。

　　未来的图书应该是多种形式并存的百花齐放的样态。弗吉尼亚大学珍本图书学校校长迈克尔·苏亚雷斯在接受西班牙《万象》月刊记者采访时对此充满信心。他说，尽管不断有人宣判纸质图书的"死刑"，但书本是不会消失的。"这就像写作没有取代口述，电视没有取代广播，电影没有在各种视频网站面前停止发展一样，书本也将继续与我们同在"。

　　至于未来的阅读方式，无疑也会更加多元化。人们会根据自己的阅读需要和阅读习惯选择不同的阅读方式。阅读的"认知外包"模式有可能出现，即人工智能会帮助我们收集相关的主题材料，帮助我们做分类索引、文献摘要、逻辑分析、数据处理。简单的资料查询性的阅读可以委托智能阅读器帮助我们完成，我们则腾出更多的时间进行创造性阅读和欣赏性阅读。

　　非常有意思的是，一家致力于人工智能的公司，已经研发了一种用于阅读的脸部、声音和语言识别系统，能够通过摄像头检测到读者是否疲惫，给出新的阅读选择建议，或者自动调节有声阅读读物的音量以帮助睡眠。所以，未来的阅读方式会随着阅读载体的变化和科学技术的进展而发生新的变化，也是完全可以预期的。

许多人担心，在数字化的时代，人类的阅读是否会式微，会不会进入奥威尔担心的没有人想阅读、真理变成滑稽戏的时代？我个人认为不会出现这样的局面。人类是世界上唯一能够运用语言和文字表达思维的生命体，是唯一通过不断的阅读继承和弘扬人类自己创造的智慧成果的生灵。人类要想不退化，就必须不断学习、不断阅读、不断成长。所以，无论阅读的载体、图书的形式以及阅读的方式发生怎样的变化，阅读的价值与阅读的本质不会变，人类的阅读需要也不会变。

如何研发卓越的阅读课程

　　近几年来，无论是语文课标修订还是教材编写，都将阅读放到了至关重要的位置。《义务教育语文课程标准（2022年版）》明确要求学生"少做题、多读书、好读书、读好书、读整本书"，"学会运用多种阅读方法，具有独立阅读的能力"。九年课外阅读总量应在400万字以上。《普通高中语文课程标准（2017年版）》规定，学生应"学会正确、自主地选择阅读材料，读好书，读整本书……必修阶段各类文本的阅读量不低于150万字""学习多角度、多层次地阅读，对优秀作品能够常读常新，获得新的体验和发现……选择性必修阶段各类文本的阅读总量不低于150万字"。从课程标准的规定可以看出，阅读已经是整个语文学习的有机组成部分。当然，虽然语文课是推动学生阅读的主渠道，语文教师有引导学生阅读的得天独厚的条件，并承担着推动阅读的主要责任，但推动阅读并不只是语文课程、语文教师的责任，而与全部课程的实施都有关联，是所有学科教师的共同职责。

开设阅读课，是保证阅读时间、在中小学营造书香校园的重要路径。多年来，新教育实验研发了晨诵、午读、暮省的儿童课程，推出了新教育整本书共读和儿童阶梯阅读的项目，提出了学科阅读与学科写作的理念，使阅读课程化得到了落实。许多学校也进行了颇有特点的创造。如银河实验小学就研发并实施了一系列阅读课程——以校园十大主干道为载体创生的十品性课程、以儿童课程为核心的入学课程、植根于学校文化的农历课程等。这些阅读课程的研发，既是对国家课程的重要补充，也是对生命发展的主动应和。银河实验小学把最好的时间留给了阅读，将阅读排入课表：每天学生一到校，便是20分钟的自由阅读。每周两个早上进行晨诵；每周三中午为整书共读时间；每周一下午走班课程安排影视阅读，学生每周合计在校阅读总量达260分钟。此外，回家阅读每天不少于30分钟，校外周末阅读时间不少于210分钟。保守估算，学生每学期平均阅读量低段约100万~300万字，中段约500万~600万字，高段约1000万~1500万字。在许多新教育实验学校，小学生的阅读量是课程标准规定的阅读量的近10倍。有些学校还把学生阅读情况制作进电子成长档案，被父母誉为"值得珍藏一生的礼物"。

下面分别介绍新教育研发的几类阅读课程。

1.晨诵课程

新教育晨诵课程扎根于中国古代蒙学教育的优秀传统，致力于将阅读融入师生的日常生活，倡导以"晨诵、午读、暮省"为核心的回归朴素、回归原点、回归心灵的学习生活方式。

新教育晨诵，就是每天早晨花5~10分钟，用朗诵诗歌开启一天的学习。它的目的不在于记忆知识，不是为了进行记忆的强化训练，而在于强调让诗歌"擦亮每个日子，呵护每个生命"，在音乐等艺术手段营造的意境中，通过诵读经典诗歌，丰盈当下生命，积累人文底蕴，创造出幸福、明亮的精神状态。到目前为止，新教育已经研制了从幼儿园到高中的晨诵课程资源。我们期待新教育的孩子，从幼儿园最后一年开始到高中生活结束，都能沉醉到经典诵读声中，用诵读开启学习生活的每一天。

2.整本书阅读课程

整本书阅读课程是相对于教材中单篇课文的阅读而言的。整本书阅读课程是以整本书为阅读材料，通过有针对性的阅读策略指导和师生共读、亲子共读等形式实施的一种项目式课程。在共读实践中，新教育强调父母与教师应该成为孩子的阅读榜样与伙伴，主张家校互动，学生、教师、父母共读，一起围绕该书阅读的道德价值、思维价值、语言价值和知识价值等交流和讨论，共同编织一个阅读情景，分享阅读感受。

整本书阅读倡导深度阅读。所谓深度阅读，从阅读目标看，是以建构知识结构、形成高阶思维、把握事物本质为目标的深层次阅读形式；从阅读状态看，是一种安静的、专注的、大脑活跃的审美阅读境界；从阅读过程看，是建立、增强知识点之间的语义关联，拓展知识的纵深，完成知识的再建构的过程。叶圣陶先生早就提出"把整本书作主体，把单篇短章作辅佐"的阅读主张。他认为整本书有利于扩大阅读空间，使学生对于各种文体都窥见一斑，都尝到一点味道，这样遇见其他的书，也就不望而却步；有利于应用阅读方法，将读课本学到的方法，去对付其他的书，不但练习了精读，同时又练习了速读；有利于养成阅读习惯，激发阅读兴趣，给学生带来阅读的成就感。新教育倡导的共读，主要指向于读整本书。

研发整本书阅读课程，需要重点关注以下几个问题：一是读什么。坚持绝对经典的原则，将能够增进知识，能够锻炼阅读能力，能够开启智慧、启迪心灵、传承文明，作为选书的标准，帮助学生养成好"胃口"。二是何时读。每天午读雷打不动，每周开设一节整本书共读课，每月共同精读一本经典，每学期开辟一整周时间作为整本书阅读的"学程周"等，保证了阅读时间。三是怎么读。以"导读—推进—延伸"的三步模式，开设好书推荐课、阅读欣赏课、读书汇报课、语言积累课、大声朗诵课、经典诵读课、读写结合课等多种课型，使阅读指导更好地适合儿童的心智成长和精神发育。导读，重在开启学生的阅读期待，通过悬念的制造、情境的创设等激起学生探究的欲望。推进，可以是分章节讨论，也可以是通读全书后若干小主题的讨论，让学生带着话题进行阅读、对话，形成复述、解释、重整、伸展、评鉴、创意能力。延伸，通过拓展相关联的其他作品，如观看同主题电影，排演课本剧，延伸性写作等将阅读活动引向更为广阔的时空。四是如何评。通过阅读挑战、星级评比等，引领学生以持久的热情拾级而上。

成都武侯实验小学"朝天乐班"的胡艳老师，在小学五年级就开设了《红楼梦》整本书共读课程。她通过学戏曲入"临川四梦"，引发学生对相识"红楼"中人的兴趣；动员家长、学生和所有任课教师一起参与书中的精彩诗词或章节朗读音频制作；编制语文、数学整合的红学测试题，将数学知识点巧妙加入到红楼场景中；开展互出红楼考题、占花名庆贺新年，背诵红楼诗词、演唱红楼歌曲，"同写红楼梦中人"等，让小学生较早地品尝到经典名著的滋味。

编写导读手册是新教育整本书共读的重要环节。导读手册是中小学生阅读的"地图"和"指南"，是他们穿越每本书、每个阅读主题的阶梯。以经典的儿童读物为范本，根据儿童的认知特点和现代阅读观念，全方位挖掘书中的语言、人文、美学价值，注重用游戏化、活动化的方式，设计形式灵活的阅读任务。这些阅读任务包括讨论、想象、表演、多形式读、剧本创作、动手做，甚至游戏等，把读书与听、说、议、讲、想、编、写、画、演、做等结合起来。如江苏海门吴建英校长在编制的《〈夏洛的网〉共读手册》中，设计了"人物点击"游戏、分享感人片段、探究话题、仿写摇篮曲、给主人公威尔伯写一封信、与好朋友分角色朗读表演等阅读任务。这样的导读手册，让每个孩子阅读时更有方向思想上的碰撞，并对自己读了什么、懂了什么、想了什么进行审视和思考。

编制导读手册可以设置兴趣导读、作品扫描、阅读计划、作品研读、作品延展等主要模块，以帮助儿童运用预测、图像化、找重点、联结、提问、推测、转化、监控等阅读策略进行阅读，构建出理解作品的脉络，与同伴一起阅读、分享、探讨、思考、感悟，将阅读的积淀融注到一个个生命个体中，形成持久的学习力、思考力和表达力。

3.听读绘说课程

听读绘说是新教育专门为3至6岁儿童开发的整合儿童阅读、情感、思维、表达于一体的特别课程。它把儿歌、童谣、故事、童话、绘本带入儿童的生活，通过训练儿童运用其所擅长的绘画语言和口头语言，培养孩子的语言能力和逻辑思维能力，让低龄段儿童的学习力与创造力得到自由发挥。"听"是专注倾听教师根据画面叙述的故事，初步理解内容，回答相关问题。这种师生共读，是对孩子集中注意力的训练。"读"是孩子在听过之后进一步阅读，主动思考，深入故事情境，是提升孩子阅读能力的训练。"绘"是把听过的故事用图像"复述"，或接龙或同主题创作，以涂鸦的方式画出来，是增强孩子想象力的训练。"说"是以涂鸦的作品为提纲，用口头语言或者书面语言进行丰富而完整的阐述，是提高孩子表达力的训练。这种整合了图画、语言、文字的课程，令孩子喜闻乐见，打开了儿童阅读的另一扇窗，能够充分展现儿童丰富而又神秘的心灵世界。

河南焦作马村区工人村小学教师赵素香每天都会给孩子们讲一个关于生命成长的绘本故事，通过"说""绘"话题，让每个故事都与孩子当下的生命发生联系，希望孩子们在故事中找到自己，找到自己成长的榜样。在此基础上，开启"播下一粒种子，见证生命奇迹"的种植课程，让学生跟踪观察，每天向老师、同学、父母汇报自己种子的生长情况。课程结束的时候，再一起共读《胡萝卜种子》，每个孩子完成属于自己的原创绘本《我的花生种子》。

4.学科阅读课程

学科阅读课程是相对于长期以来中小学只有单一的语文学科阅读而言的。所谓学科阅读是指发生在中小学语文、数学、英语、物理、化学、生物、政治、历史、地理、科学、艺术、体育等各个学科学习过程中的阅读。以中小学生为阅读主体，以各学科所关联的各类信息为阅读客体，学科阅读课程通过拓展阅读材料，改进阅读策略，促进学科理解，培育学科素养。

当下阅读研究的理论与实践，有着明显的语文学科倾向，大量其他学科阅读被忽视，不利于提高中小学生的综合素质。学科阅读课程的研发具有独特的价值意义。学科阅读能够激发学生学科学习的好奇心与求知欲，拓展学科视野，理解学科本质。在中小学生的精神成长中，特别需要搭配全面的、成体系的阅读产品。学科阅读比机械重复练习更能够提高学业成绩，是已经被大量案例证明的事实。

研发学科阅读课程要做好三方面的工作。一要选好阅读书目。新教育正在汇聚专业力量研制小学（语文、数学、英语、科学、历史、艺术、生命）七个学科、中学（语文、数学、英语、物理、化学、历史、地理、政治、生命、艺术）十个学科的阅读书目，为中小学学科阅读提供的"专业地图"。我们的学科书目，就相当于学科知识的地基和骨架。学生通过对不同学科图书的阅读，可以建构起相应学科的整体知识架构。二要让所有学科教师都成为真正的"领读者"。如果没有学科教师对学科阅读的热爱，学科阅读课程将很难推进。学科阅读从科任教师开始，跨学科阅读更要从科任教师的本职和兴趣开始。这是关键。三要创新课程样态。一方面要把学科课堂作为主阵地，通过同步阅读释放知识的魅力；另一方面可通过设立"小小百家讲坛""主题沙龙""专题研究""选课走班"等丰富学科阅读课程的形式。

5.项目学习阅读课程

项目式阅读通常是跨学科的，是在解决问题的过程中开展的综合性阅读活动，是基于真实情境建构意义的阅读行为。项目阅读课程强调学生根据主题制订阅读计划，确定阅读内容，完善学习机制。教师则给学生提供多种阅读方式和学习活动。

项目阅读从本质上属于项目式学习（project based learning，简称PBL），强调围绕问题展开，以学生为中心，非教师主导。将"项目"当作学习的任务，将阅读作为完成任务的探究性手段，这种课程模式重在培养学生解决问题过程中的自主阅读能力、动手实践能力和创新与批判性思维等。

开展项目阅读课程的一个最重要的环节就是阅读主题的提炼与确定，用主题来引领综合、促进综合、完善综合。从人与自我、人与社会、人与科学、人与艺术的关系来设计既有鲜明时代特点又能彰显优秀传统文化的具体主题。

开展项目式阅读需要打破书本与生活的墙垛，填平学科之间的鸿沟，弥合学科自身的裂痕，从教学到教育，从课堂到课外，从班级、校园、社区到城市、域外、异域，从远古到未来，在文本、自然、经验、社会中去寻求阅读的丰富的资源。项目式主题阅读可以结合项目式学习的进度调整时间。既可以是一周、一月的短期阅读，也可以是一学期、一年的长期阅读。

6.电影阅读课程

电影阅读课程是以经典电影为媒介，以中小学生为主体，融观看、阅读、欣赏、表演等为一体的综合性大阅读课程。电影是诗歌、舞蹈、音乐、戏剧、雕塑、绘画之后的第七艺术，也被称为浓缩的人生。观看电影比文学阅读门槛低，比各类游戏内容丰富，而其内涵则比日常生活更集中。

电影阅读课程是充分利用信息化、数字化手段，将观影和阅读有机结合起来的阅读模式。该课程重在找到"观"与"读"的结合点，按照观一场电影、读一本经典、开展一系列活动的方式，带领学生经历一段融"读、赏、写、画、演"为一体的阅读之旅。

开设电影阅读课程，可与新教育"每月一事"行动结合起来，围绕勤俭、守规、公益、环保、劳动、审美、健身、友善、好学、感恩、自信、自省12个主题，遴选出合适的影单。新阅读研究所李西西老师的《36节电影课养成好习惯：新教育"每月一事"电影课项目用书》，按照"每月一事"的主题，分低、中、高学段，从影片信息、影片赏析、教育要点、共鸣共行、相关推荐五个方面，提供了具有较强操作性的电影课程框架建议。

通过多年的反复摸索，我们认为开设电影课程一般遵循以下几个步骤：一是背景介绍。在观影之前，介绍电影拍摄情况、原作创作背景、影片导演与原著作者。二是电影观赏。在观影过程中与学生讨论：发生了什么？为什么会这样？人物或情节接下去会怎样？你有什么感受？三是回味瞬间。在看完电影后，观影的同伴通过台词模仿对话、场景描述一起交流分享自己印象深刻的瞬间。四是主题研讨。围绕电影中的人物，对其性格、命运、故事走向等进行研讨。五是音乐欣赏。提取播放电影的背景音乐、主题曲，借助音乐的力量，让学生重温影片。六是衍生阅读。如果电影是根据图书改编的，则带领学生阅读原著，并找出书籍与电影的不同之处；如果电影没有原著图书，可倡导进行相关主题的阅读。

山东胶州马店小学经过多年的探索，形成了五种电影阅读课型：电影阅读欣赏课——每周安排2节，观影前有原著的阅读、影片导看，观影后有观后写作、片段排演、影视配音、辩论交流等。电影与教材整合课——根据各年级学生年龄段特点，结合所学课文，选择与课文有关的电影，按照"读、看、写、演、评"等步骤，将影片与文本关联起来。光影阅读"休闲小餐"——把语文课本和课外阅读的文本都转换成音频形式，方便学生随时"听课"。电影节——每学期组织开展一次"校园电影节"，组织"电影知识竞赛""观后感写作比赛""电影音乐会""我为电影配音""电影创编续写"等活动。假日电影大餐——寒暑假及节假日，开列观看"菜单"，将优秀影片推荐给学生，由学生自主选择。

7. 传记阅读课程

传记课程是按照新教育的生命叙事理论，为不同年龄、不同个性的学生选择相应人物传记，帮助他们寻找人生榜样、树立人生理想。新教育的生命叙事理论认为，每个人成长过程中都需要自己的生命原型、人生榜样、自我镜像。孩子们阅读名人传记是寻找生命原型、人生榜样和自我镜像的最有效路径。

每个人的生命都是一个故事，每个人都在书写自己的生命故事，能否把自己的故事写成一本传奇，取决于我们以谁为榜样，与谁同行。阅读名人传记是如此的重要，那怎么让孩子爱上读人物传记呢？一是结合孩子的兴趣特长推荐人物传记。要尊重孩子的兴趣，不能以自己的喜好来给孩子选书。孩子对哪个领域特别有兴趣，就可以推荐哪个领域的书。二是结合社会的新闻热点推荐人物传记。不管是大人还是孩子，都会被最新的时事热点引起兴趣，进而想要了解更多信息。比如当孩子们使用iPad的时候，可以跟他一起看看《乔布斯传》；当聊起朝鲜和韩国时，可以给孩子看《命运：文在寅自传》，当聊起美国因为新冠疫情经济出现问题的时候，可以给孩子看《巴菲特传》。三是结合孩子的学科学习推荐人物传记。传统的"填鸭式"教学，很容易让孩子对学科学习产生抵触情绪。这时父母可以用一些科学家的著作或科学家传记来引导孩子的兴趣。通过名人故事让孩子对某一学科感兴趣，对于学校学习是很有帮助的。四是结合区域特点推荐同乡、家族人物传记。传记阅读要结合孩子能接触到的身边事物，如故乡历史、家族人物、文化遗迹等。

书香校园如何拥抱新媒体数字阅读

　　新教育实验从诞生之日开始，就将"营造书香校园"列为十大行动之首。在推进新教育实验的过程之中，我们也一直关注着阅读的变化及其时代特征。在当今的互联网时代，阅读的确遇到了许多新的问题、新的挑战，新教育人不得不有所思考并做出回应。

　　人类历史开始的时刻，就是阅读开始的时刻。从某种意义上也可以说，人类的精神发展史就是人类的阅读史。诚如新西兰学者费希尔在《阅读的历史》一书中所言："阅读史关乎社会不断走向成熟的各个阶段。"阅读的历史与人类的传播史紧密相随。人类传播史经历了语言传播、书写传播、印刷传播、电讯传播、数字传播等多次革命，每一次革命都对社会进步具有重大的推动作用，将人类带进一个新的时代、新的境界。美国传播学家A.哈特把有史以来的传播媒介分为三类：一是"示现的媒介系统"，即人们通过面对面展示、表现来传递信息的媒介，主要指人类的口语，也包括表情、动作、眼神等非语言符号。二是"再现的媒介系统"，主要指人类通过绘画、文字、印刷和摄影等间接的符号来传递信息的媒介。三是"机器媒介系统"，主要指人类通过电信、电话、唱片、电影、广播、电视、电脑、手机等来传递信息的媒介。

最古老的阅读是A.哈特所说的"示现的媒介系统"，它主要是通过口耳相传的途径传播和交流信息，这种阅读对于今天的阅读者尤其是阅读起步阶段的儿童仍有重要意义，但它受时空限制的缺陷显而易见。代替"示现的媒介系统"并统领漫长阅读历史的传统阅读，主要是指A.哈特所说的"再现的媒介系统"，视觉意义上的"看书"是传统阅读的主要形式。应该说，纸张和印刷术的发明，是人类文明史上最伟大的革命性创造。一代代的人得以摆脱口耳相传的时空局限，把每个时代最伟大的发现和创造、最伟大的智慧与思想保存和记录下来，使后人可以站在前人的肩膀之上继续新的发现和创造。纸质阅读的方式有利于读者反复阅看、引用和论证，利于深度阅读；读者对阅读内容深入思考时，能够随时参考其他文献，并进行批注、对照、注解。所以，"书籍传播时代"经过了迄今为止最为漫长悠久、给人类的精神生活带来最为丰富而深远影响的历程。

以电话、电视、电影、电脑、互联网、移动终端为代表的"机器媒介系统"，使人类的信息传播发生了深刻的变化。这种变化的表现形式之一，就是各种新媒体不断地把读者从书籍前拉到屏幕前。两种阅读之间的拉锯战伴随着各种媒体的出现就一直存在。进入互联网时代以后，移动终端获取信息的便利化和娱乐化对纸质阅读形成了新一轮的冲击波。

关于互联网与阅读的冲突，国内外都有许多不同的看法。20世纪90年代初期，斯文·伯克茨在《古腾堡哀歌：电子时代阅读的悲剧》一书中曾经感叹，现在印刷文本的稳固地位已经"被新发明的电路中脉冲的急流取代了"，电子通信的泛滥冲走了专注反思，剩下的只是匆匆浏览和摘要。"我看到了阅读性质的深刻改变，从专注有序和投入的文字阅读，到漫无目的地浏览，不断点击和滑动鼠标。"英国社会学家富里迪对此却抱有谨慎的乐观态度。他认为，无论互联网对现代社会产生怎样的影响，技术本身其实并不会直接导致社会对于人类文化遗产的疏离，不会直接导致阅读的危机和式微。因为，阅读的危机早在互联网产生之前就已经存在，照相机、电视机、电脑等每一次传播领域的技术革命，总会引发人们关于阅读问题的担忧。人类的每一次技术革命，从形式上来看似乎会对传统的纸质阅读产生新的冲击，但是人类的阅读历程从未停止，人类通过阅读寻求智慧与意义的努力也从未真正停止。我们不能够用传统的价值标准和阅读方式来衡量和规范当代的阅读方式，而每个时代也总会寻找到他们与文化遗产之间紧张关系的解决方案。

事实上，尽管有许多批评数字阅读的声音，如认为数字阅读碎片化、浅表化，只能做到泛泛浏览，不能像纸质书籍一样随意标注等，不利于深度阅读，但数字阅读由于信息量大、信息形式丰富、方便携带、传播迅速等优点而广受钟爱。在海量的信息面前，不可能瞬间在纸质书海中实现搜索，但数字化阅读方式完全可以做到。面对急需的细碎知识或者最新消息，电子化产品以其强大的内存储量为读者提供丰富而及时的信息。

中国新闻出版研究院第十八次全国国民阅读调查报告显示，2020年有76.7%的成年国民进行过手机阅读，71.5%的成年国民进行过网络在线阅读，27.2%的成年国民在电子阅读器上阅读，21.8%的成年国民使用平板电脑进行数字化阅读。中国互联网信息中心发布的《第48次中国互联网发展状况统计报告》显示，截至2021

年6月，中国网民人均每周上网时长为26.9个小时，短视频用户8.88亿。有调查发现青少年儿童的数字化阅读方式也较为普遍。2020年，我国0～17周岁未成年人数字化阅读方式接触率为72.3%，其中0～8周岁接触率为69.1%，9～13周岁接触率为76.2%，14～17周岁接触率为74.3%。

我们必须正视这样一个事实：现在的少年儿童是数字原住民，科学发展使数字阅读以网络检索的便捷性、阅读形式的多元性、内容及载体的丰富性、阅读过程的互动性创造了全新的阅读体验，数字阅读正大步走进少年儿童的日常生活。同时，父母对数字阅读的态度更加开放，他们对孩子使用数字设备的抵触情绪已大为减轻，只是更多关注如何适度合理使用。

事实也证明，网络阅读和纸质阅读是可以并行不悖、相辅相成的。一方面，我们的阅读方式正在快速发生改变，诸如数字阅读、网络阅读在改变着阅读的基本形态，书和非书的界限已经开始模糊不清。另一方面，我们面临着选择的焦虑，无论是纸质出版还是网络出版，其数量空前巨大，海量信息涌入了我们的生活。我们无时无刻不在阅读，却又充满了选择的困惑和焦虑。什么都读了又好像什么都没有读。这些新的情况中既有挑战，也有机会。正如美国的媒体素养咨询专家费思·罗高指出的那样："教授媒介素养并不意味着废弃纸质书。读纸质书与使用电子产品，这并不是一种非此即彼的竞争。毕竟，纸质图书也是一种媒介。我们只要快速地浏览几个网站就能明白，如果一个人不具备针对纸质图书的读写能力，就无法具备针对其他媒介的读写能力。"（见莉萨·格恩齐等《多屏时代，如何培养孩子的读写能力？》）

所以，在互联网时代，我们的阅读观和阅读方法也需要相应的变化与调整。

首先，应该充分认识阅读的本质。其实，无论时代如何变化，阅读的本质没有变化。阅读的本质是阅读主体与文本的互动，这既是阅读的本质，也是阅读的意义。阅读的成效、阅读的价值都取决于互动的程度，取决于这个互动是否能够启发读者的思维与灵感，帮助他们获得新知、成长心智，也取决于这个互动是否能够激发读者的情感与情操，是否能够触动内心深处。历史上那些伟大的著作之所以能够穿越时空，就在于不同时代的阅读主体在与它们相遇的时候，总会被击中、被感动，总会激发创造灵感或者产生批判性思维。如果不能够产生上述效果，不能够赋予内容以真正的意义，那么阅读主体与阅读文本之间就没有建立真正的联系，互动也就没有真正地发生。正如英国社会学家富里迪在《阅读的力量》一书中所说："阅读的历史总是同寻求意义的活动相关联。而且意义——无论是宗教意义、哲学意义还是科学意义——总是通过提供对真理的洞见来获得自我实现的。阅读一旦丧失其寻求真理的潜能，便会沦为一种平庸的活动。阅读一旦沦为了工具性的技能，它的作用便会局限于对文本的解读和对信息的获取。"所以，如果阅读离开了意义的发现，只是变成了简单的阅读技术或者读写能力，阅读本身也会丧失其魅力。如果在认识阅读的本质这个问题上形成了共识，通过什么媒体阅读，就不是问题的核心了。

其次，要注重培养互联网时代的新读写能力。近年来，互联网时代的阅读和写作能力越来越引起专家学者的关注。全美英语教师协会（National Council of Teachers of English，NCTE）和国际阅读协会（International Reading Association，IRA）2013年发出倡议："要想全面参与和融入21世纪全球化社会，孩子需要更复杂的读写技巧和能力。"他们认为，在21世纪，成为一个有读写能力的人，意味着需要掌握多种读写技能，意味着要能够理解通过多种形式呈现的信息，能够创造、批判和分析通过多种媒介呈现的文本。学生需要理解视频、数据库或者计算机网络中的信息，也需要更好地了解世界其他地区的语言和文化。这是经济全球化提出的新的挑战。青少年需要学会通过竞争和合作去创造一个共享的未来。他们把这种技能称为"21世纪读写技能"。美国康涅狄格大学读写技能教授唐纳德·J.洛伊把它们称之为"新读写技能"，英国谢菲尔德大学文学教授杰基·马什则使用"技术读写技能"（technoliteracies）这个合成词为其命名。电子读物和儿童早期教育专家杰里米·布鲁克，更倾向于用"跨媒体读写能力"（transliteracy）。也有学者提出，未来的读写能力，是与网络生存能力紧密联系在一起的，比如如何使用新媒体工具进行创作和自我表达，如何在数字化世界成为一个负责任的、活跃的参与者以及懂得如何使用搜索引擎、如何远离网络暴力等。也就是说，互联网时代的新读写能力，其实是在把握阅读本质的基础之上，重点发展学生的思维习惯和批判性探究能力，让他们不管从什么媒介上看到文字和图片，不管这些文字和图片是呈现在纸面上还是屏幕上，都能够从中学到相应的知识。当引导孩子们学会使用各种各样的交流工具时，他们也能够对观点是如何被传播的，书籍是如何被创造出来的，媒介

是如何发展起来的等问题有所认识。(《多屏时代，如何培养孩子的读写能力？》)

再次，加大数字阅读资源的建设。要加快配备数字阅读终端设备。如在学校图书馆配置带墨水屏阅读器的电子阅览室，在走廊等校园公共区域安装触摸阅读一体机设备。推动传统图书馆的数字化管理，与数字图书馆有机整合在同一平台上运行，并与部分公共图书馆建立互联互通的信息渠道，提高图书馆的使用率，拓展资源共享的空间。随着时代的发展，数字资源已经从起步阶段的电子书迭代为以声音为信息传播方式的有声读物以及融文字、声音、图片、动画、VR（虚拟现实）、AI（人工智能）等增强现实技术于一体的数字阅读产品。学校图书馆除了配置纸质图书外，还要添置电子书、电影、音乐、游戏和在线课程等。探索开展"互联网＋阅读"的数字化书香校园活动。如通过官网和微信公众号、QQ读者群、微博、抖音、快手等新媒体发起数字阅读活动；组织"云伴读""云伴学"活动，组织数字故事会、网上诗词大会等，以激发学生数字阅读的兴趣；组织数字阅读达人评比、微信阅读打卡等，把数字化阅读与纸质阅读有效地融合起来，帮助师生养成良好的阅读习惯。

最后，要加强新媒体阅读的课程建设。在互联网信息量超大的情况下，需要学校教育提供更多特定的课程，教学生学习搜索、筛选、判断、反思。21世纪伊始，webquest（网络探究）课程在欧美各国火爆，它要求学生成立探究小组，针对相关问题在网络上搜索资料，并通过审辩思维与讨论，判断信息的类型、真伪、价值倾向等，形成探究报告。同时，需要学校提供适当筛选的有效信息，供学生学习，形成丰富而多元的具有教育背景的信息系统，并向学生逐步放开。另外，要推动建立互联网阅读共同体的伦理规范，教育学生具备网络自我保护能力与抵抗力，远离恐怖、犯罪、网络暴力、诈骗等恶势力。

与网络阅读和纸质阅读关系类似的问题，是人工智能与人类阅读的关系问题。以此审视如何利用人工智能服务人类自身的阅读，许多疑惑也可以迎刃而解。第一，从根本上说，人工智能无法替代人类的阅读活动。每个人的精神成长历程，在一定程度上复演了整个人类精神成长的历程。人的智慧、人的思想是无法通过基因遗传的，也无法像机器人一样通过芯片置入。尤其是情感的熏陶、价值观的涵养，没有个人的深度阅读与思考是很难做到的。通过阅读，与伟大的思想和智慧对话，不仅是个人精神成长的必修课，也是整个社会进步的重要路径。不仅机器无法替代，人自己也无法代替别人进行阅读。第二，人工智能虽然无法替代人类的阅读，但是的确可以帮助人类更有效地阅读。如查找资料性质的阅读，未来就可以交给智能机器人去做。机器人还可以帮助人们对书籍进行"初读"，了解一本书的基本观点和主要内容，为人们进一步深入研读提供基础资料。机器人也可以根据自己的"阅读"和对读者阅读口味的了解，对图书进行分类分级，帮助人们寻找最合适的读物，等等。再如，人工智能可以读书给人听。樊登读书、喜马拉雅等听书平台的火爆，就是适应了人们听书的需要。人工智能在模拟人声方面已经达到"乱真"的地步，甚至连人在朗读时的感情色彩也可以被人工智能"高仿"。利用人工智能技术，阅读者可以选择最喜欢的偶像为自己朗读，可以在跑步运动时"一心二用"地听书；也可以在自己分身乏术时让它为幼儿读书。另外，人工智能可以通过虚拟现实等一系列技术，让阅读超越现有纸质媒体的束缚，进入多媒体、多感官的领域。阅读时加入全息投影与成像技术，会创造全新的阅读体验。现在，许多图书中已经普遍运用二维码技术，扫码后可以听音频，也可以看视频，已经实现了多媒体阅读的可能。

总之，无论社会怎样变化，技术如何进步，作为人的精神发育的最直接最便捷最有效的手段，阅读永远是必需的，而且是不可能被人工智能取代的。但是，未来的人的阅读，也不可能是传统意义上的人的阅读，从阅读方式到阅读内容，都会发生深刻的变化。未来的人，在很大程度上是一个"人机结合体"，也就是说，未来的学习者，是人脑加人工智能的合体，人们会把简单的、工具性的、检索性的阅读交给智能机器人，会利用各种碎片化的时间让机器人为自己读书，阅读的效率和效果也会进一步提高。人工智能，将会帮助人类智慧阅读，高效阅读。

如何让校园阅读活动有趣有效

    开展丰富多彩的阅读活动对于建设书香校园来说非常重要。一般而言，小学的阅读活动应该更加注重活动的形式，用生动活泼、有趣好玩的方式吸引学生。中学的阅读活动应该更注重内容，用富有智慧和创意的方式吸引学生，比如结合学习科目开展学科阅读。如苏霍姆林斯基领导的帕夫雷什中学，就有许多科学学科小组，其中高年级的学生钻研科学书刊，了解自然科学的各种问题，建立专业图书室，给自己的同学作专题报告，如"自然界无机物到有机物的转化""超导性问题""物质的等离子状态""物质与反物质"等。高年级的学生给低年级的学生朗读科普读物，举办少先队科学技术朝会。学校还系统地举办以"科学功勋英雄"为主题的晚会与朝会，通过讲述布鲁诺、伽利略、哥白尼、达尔文、郭霍、皮埃尔·居里和玛丽亚·居里、巴甫洛夫等著名科学家的故事，激励学生对知识和文化的渴求。

新教育的实践证明，开展丰富多彩的阅读活动，能够给校园阅读注入源源不断的活力，使阅读真正融入校园生活，成为学生难忘的记忆。在新教育学校，阅读活动的开展可谓千姿百态，丰富多彩：从9月28日的校园阅读节，到形形色色的阅读主题月；从图书漂流到图书跳蚤市场；从阅读之星评比到阅读班级竞赛；从自制图书展示到撰写图书评论；从图书戏剧表演到名著影视欣赏。这里总结几种常见的校园阅读活动。

1.读书会

读书会是一种以经典共读为主要任务，以分享交流为主要活动方式的共同体，以推进共读、交流思想为目的，为师生搭建读书活动平台。在众多的阅读活动中，读书会是最具特色、最值得推广的阅读活动。它由具有读书意愿的人组成自主、自由、自愿的非正规学习团体，通过成员阅读共同的材料、分享心得与讨论观点，吸收新的知识，激发新的思考。例行活动主要有读书心得报告、导读、讨论和专业分享等。

组建一个有品味的读书会，首先要有一个响亮的名字。如河北邢台教育局2014年组建的"青吟读书会"，取意于"青青子衿，悠悠我心"和"书香悦吟"。其次要有核心成员。提倡志趣相投的人在一起，并仰仗热心会员为大家荐书导读、做活动记录、维持秩序等。再次要有共同的约定。小到每次活动的场所、时间，大到活动主题、流程，都需要按照约定逐一规范。如成都市第十一幼儿园的"悦读会"制定了"每天至少读书十分钟，思考一分钟；每天至少阅读十页书，记录一百字；每晚十一点前打卡"的规则，作为每一位入会伙伴遵循的阅读守则。此外，还要有包容开放的氛围。大事小情，大家一起商议，信息共享，让读书会成为志同道合者的精神家园。要有形式多样的活动，吸引更多的人参与，如推荐图书、读书讲座、亲子阅读、书画展览、撰写书评、影视评论、辩论赛、知识竞赛等。江苏如东实验小学从2012年起，将校内80多位35周岁以内的青年教师组织起来，成立了"不倦"研究社，坚持开展"相约周三"校本研修读书活动。多年来，他们组织读书卡片展览、读书沙龙、读书征文、读书演讲、读书知识竞赛等活动、评选校十大藏书先进个人，这些活动有力地推动了书香校园活动的深入开展。

2.读书节

读书节是区域或学校的阅读活动节日或文化节庆，也可以称之为"阅读嘉年华"。读书节是新教育实验区、校普遍开展的阅读活动。举办校园读书节，旨在通过分享阅读和书写的快乐，让阅读中的所思、所想、所得被看见，进一步激发师生更强烈的阅读兴趣。

举办校园读书节需要注意以下几点：一是主题确定。主题，意味着活动的灵魂，意味着活动内容的相对集中。读书节的主题应做到一致性和多样性的统一。所谓一致性，就是将读书作为永恒的轴心；所谓多样性，就是根据读什么、在哪读、谁在读、怎么读、何时读、读得怎么样等方面，分年度变换不同的主题。二是时间选择。我们倡导新教育实验区和实验学校把每年的9月28日孔子诞辰日作为学校读书节的启动日或总结日。读书节举办的时长与读书节的质量和所要达到的目的密切相关。一个有质量的校园读书节，至少需要一周以上的时间，以便让师生、家长充分参与其中。三是氛围营造。通过标语、海报、倡议书、公开信等，营造浓厚的节日氛围。四是全员参与。让校园里的每个人都能在读书节里找到合适的角色，不能把读书节办成少数人的福利。五是同步激励。校园读书节的出发点是"读书"，落幕是"奖书"，终点是"读书"的新出发点。在读书节期间，以书籍作为奖品，对读得多、读得好的个人和群体给予奖励，增强参与者精神上的愉悦性。六是评估跟进。可以借助问卷调查、总结研究、编印专辑等方式评估读书节在培植精神、拓宽视野和塑造人格等方面的实际成效。

如江苏武进清英外国语学校的童话节就非常有特色。学校开设了一门童话课，在课上，孩子们阅读童话、研究童话、参演童话。我看过一年级学生自编、自导、自演的《皇帝的新装》《快乐的蓝精灵》《三打白骨精》等。在演出中，小演员们用丰富的肢体语言将情节演绎得淋漓尽致，加深了对童话故事的理解。

3.作家进校园

作家进校园是邀请作家走进学校，给学生讲述自己的成长经历、创作故事，对学生的阅读、写作进行指导。这是营造书香校园的一项活动，也是聆听"窗"外声音的一种行动。阅读是照亮精神世界的行为，儿童的阅读特别需要阅读"点灯人"。作家们丰富的人生阅历、强大的想象力和表现力、独特的审美视角、悲天悯人的情怀对儿童成长具有不可替代的示范、引领作用。开展作家进校园活动，一方面能够激发儿童的阅读兴趣，另一方面也能够帮助儿童找到人生的榜样。

组织作家进校园活动，第一要准确定位。把倡导孩子多读书、读好书，激发读书兴趣作为活动目的，防止活动异化为进校园推销。第二要精心组织。在活动前与作家方具体沟通，从活动时间、场地、人员、流程、安全，到作家讲座内容、形式及讲座后的签名、合影等互动环节，都要在活动前一一设计好，并做好预案。第三要充分互动。活动前安排学生了解作家的相关信息，阅读其代表作；活动中面对面交流、签名赠书、点评儿童习作；活动后给作家写信，改写、续写作家作品片段等。

江苏泰州姜堰东桥小学教育集团曾经三请曹文轩，前两次未能如愿。第三年，学校重新拟定作家进校园互动方案。一是中高年级学生、家长及全体教师在前两年分别读完《草房子》《青铜葵花》的基础上，再读曹文轩的新作《蜻蜓眼》。二是曹文轩来校当日开展四项活动：听一节《蜻蜓眼》阅读欣赏课；观看校长主持的沙龙，参加对象为学生、家长、教师代表，沙龙最后一个环节请曹文轩解释书名"蜻蜓眼"；曹文轩点评学生们写的《〈蜻蜓眼〉读后感》；作主题报告。据说曹文轩就是被这个方案打动了，欣然接受邀请成行，并主动为学校的阅读活动出谋划策。

4.图书跳蚤市场

图书跳蚤市场是组织学生把阅读过的旧书带到学校，安排某一个时间段，在校园某一个区域，让学生以设摊的方式向同学售卖图书的活动。校园图书跳蚤市场是循环经济、生态环保思想在校园里的生动实践。它本着"你的多余，我的需要"理念，让学生把家中闲置的图书拿来与同学物物交换或钱物交换，帮助学生养成节约资源、爱护环境的意识和热爱读书的习惯。同时，学生在设计促销海报、推销、买卖的过程中，能够初步感受市场经济，结识更多的朋友，在真实的情境中形成正确的消费观念和理财观念，培养合作、动手、交际等能力。

举办校园图书跳蚤市场，首先要充分宣传发动，让学生、教师和父母了解活动的意义，并乐于参与其中。其次要进行指导，对如何准备商品、如何明码标价、如何促成交易等进行指导。再次要精心布置现场，以班级、小组为单位，为自己的展位（小商店）起名，制作促销展板、条幅、海报等。最后要做好总结评比，反思活动中的成败得失，采取爱心捐赠等方式处置交易所得，评选优秀个人、团队。

5.书本剧表演

书本剧（又称课本剧）表演是以书本内容为基础，将其改编成相声、小品、音乐剧或小型话剧，在教室、操场等设置舞台进行表演。也可以作为整本书阅读的一种延展性活动。

很多书本剧的精彩并不仅仅在于把故事演出来，还在于增添了很多新鲜元素。例如在古代寓言故事中增加现代的语言和思维，给外国的经典故事中增加中国元素等，考验的是学生对于书本内容、精髓的理解以及对现实生活的思考。通过书本剧表演，学生能从中体会到阅读的快乐，会对阅读产生更浓厚的兴趣。

剧本创作是书本剧表演的基础，也是最关键的环节。一方面学生要在教师的指导下，及时学习戏剧编演的基本知识；另一方面要让学生通过自由投票的方式，选择适合编演的内容。完成剧本创作后，一般以小组为单位进行剧本编演，由学生竞选、推荐导演，并完成分配角色、记忆人物台词、制作表演道具、排练等准备工作。在准备充分的基础上，安排场地，邀请观众，组织正式演出。演出结束后，还要进行评价，让学生的学习成果能够得到及时反馈，达到阅读育人的目的。

书本剧表演形式可以不拘一格，如情景剧、滑稽小品、经典对白、诗词吟诵、集体舞、歌伴舞等均可。还可以组织最喜欢的书中人物扮演巡游活动。

6.画书、说书、写书、做书

画书、说书、写书、做书是围绕一本书的阅读而设计的旨在促进阅读理解、拓展阅读深度、丰富阅读体验、多重感官参与的阅读活动。"画"书，即让学生画名著插图、画古诗意境、画美文场景、画经典故事情节、画思维导图等；组织插图大赛、创意书签设计、小绘本创作、最喜欢的图书人物卡通大赛等，将美术教育活动与读书活动融合在一起，满足学生阅读之后的创作欲望。"说"书，即组织"我为一本书代言"、聊书会、故事会、小小百家讲坛、名著争霸赛、主题朗诵会、闪亮小主播、诗词大会等，让师生、父母用声音的艺术把所读的书表达出来。"写"书，即成立师生文学社、读写班，设计阅读小报，为好书写推荐语，仿写续写名著名篇，编撰"我的成长书"，出版师生个人作品文集等，实现以读促写，以写促读，读写共生。"做"书，即开展"手指上的阅读"，将阅读与美工结合起来，让学生把读过的经典作品中的印象深刻的场景，用各种材料复制出来。如读完《小王子》后，指导学生用卡纸、皱纹纸、稻草、蛋壳、田螺、毛线、布条等，创造出各自心中的"小王子"的形象。

当然，除了上述阅读活动之外，还可以开展多样化的共读，主要有亲子共读、师生共读、师师共读、生生共读、家校共读等几种形式，利用中午课间或周末、节假日等时段，对同一本书以默读、讲读、领读（导读）、分角色读等方式进行阅读，让阅读成为师生或家人共同的生活方式。

7.阅读信

阅读信，是指在学生入学时或者其他重要时间节点，学校通过信件的方式推荐图书，提出阅读要求，播撒阅读的种子。

不妨从给新生的第一封信开始。最近几年，大学校长给新生推荐好书成为一件"时髦"的新鲜事。而据我所知，早在2000年8月，刚刚担任张家港高级中学校长的高万祥先生，在给首届新生的录取通知书中，就夹着一封题为《走进名著世界，你才能享受到精神富裕的欢乐》的公开信。他在信中写道："阅读名家名著可以怡情养性，丰富人的精神世界，提高人的审美能力。我们喜欢苏东坡的诗，便向往他那自由、豁达、乐观的天性，学习他那无论富贵贫穷都始终保持亲切超脱的人生姿态。同样，雨果的博大、契诃夫的幽默、冰心的隽永、朱自清的清新、毛泽东的恢宏壮丽，都是我们最丰富的精神营养品。"和这封信一起寄出的是一份张家港高级中学必读书目，并且对学生的假期读书提出了要求。信的署名是"你的书友、校长高万祥"。这是他给学生的第一份礼物，也是学校给学生上的第一堂课。写一封这样的信、列一个这样的书单，或许每个校长都可以试一试。

怎样开展阅读评价

在阅读实践中逐步构建起适合的阅读评价体系，能有效保证课内外阅读的时间、内容、效果的落实。

阅读评价一般应坚持三个原则：一是差异性原则。在评价时不强行对学生统一要求、统一内容，尊重学生的个体差异，以最大限度地激发每个学生阅读的积极性。二是过程性原则。阅读的效果很难在短时间内显现，因此应注重阅读过程评价，收集能够反映学生阅读过程的资料，淡化阅读结果评价。三是激励性原则。阅读评价应以鼓励为主，体现激励性，通过建立科学的评价体系，不断发现学生的优点，使其爱读书、多读书、会读书。

近年来，PISA阅读素养测试更加强调阅读者不但要储备知识，而且更要拥有获取信息的能力。PISA阅读素养测试框架体系的建构，对书香校园阅读评价体系的完善有很强的借鉴意义。一是凸显"为了学习而阅读"的工具性质。把阅读看作是与语言能力相关的一系列认知过程以及满足学生实际生活需要和参与未来社会活动的一种工具，而不是仅仅"学会阅读"。二是关注对高阶阅读的评价。从传统的识字、解词、概括、评判的线性顺序，转向评价学生在寻找特定信息、推论、综合等阅读过程中的各种推理、归纳、诠释、分析、质疑、反省、评价等思维能力。三是重视在真实情境中评价学生的阅读素养。阅读评价文本的内容选材方面注重接近社会生活情境，使学生在特定的情境中运用有关知识和阅读能力去分析、解决实际问题。

以PISA为代表的阅读素养测试呈现出"为了学习而阅读"的工具性质、关注对高阶阅读的评价、重视在真实情境中评价学生的阅读素养等趋势。为了让学生对自我阅读素养形成全面的认识，促进学生肯定自己，坚定阅读信心，体验成功，阅读评价应从单一主体的"他评"走向自评（如用"阅读存折"记录每天的阅读情况，并在其中设立评价栏，让学生进行每天阅读的自我评价）、同伴评（如可通过同桌互评、学习小组评价、全班自由评价等方式进行）、父母评（如建立家校阅读联系卡，让父母定期记录学生在家阅读情况，将检查结果及时反馈教师）、教师评等多元主体的"互评"，并从阅读数量、阅读情感、阅读习惯、阅读能力等几个维度设定阅读评价的内容。

在评价方式上，不少新教育实验学校创造了以"找寻阅读的快乐"为意旨的阅读评价方式。如：①引导阶梯晋级。在班级、学校、家庭张贴读书晋级榜，开办"阅读银行"等。②表彰阅读榜样。评比表彰阅读小明星、读书小达人、最佳领读者、书香班级、书香家庭、书香校园等。③组织阅读叙事。邀请师生讲述阅读故事，借助榜样叙事，传播阅读方法与理念。④搭建分享平台。利用板报、橱窗、微信公众号、校园开放日等充分展示师生读书成果。

除了上述以过程呈现、成果展示为主的评价形式外，还可以组织阅读素养分析与检测类的评价，如：①组织阅读素养专题测试。以调查问卷的形式，从阅读情境、阅读文本和阅读策略等维度，定期进行阅读兴趣、阅读态度以及综合阅读能力检测，形成专业性的阅读检测报告。②推动学科考查变革。将学科阅读列入各学段、学科考查内容，加大学科阅读内容的考查分值，力求以情境化问题解决方式命题。

当下，阅读评价还应与时俱进，采用大数据技术，追踪学生的阅读时间、阅读轨迹、阅读数量、阅读速度，分析学生的阅读效果、阅读习惯、阅读偏向、阅读状态，从而形成更为全面、科学、客观、精准的评价。

未来我们到底应该学什么

学什么，是一个非常重要的教育问题。

英国罗斯玛丽·卢金教授在《智能学习的未来》一书中，重新定义了人类智能，详解了人类智能的七大要素。一是学术智能（academic intelligence），是对关于事物的整体性理解和解决复杂性问题的智能；二是社交智能（social intelligence），是与人沟通交往和良好合作的智能；三是元认识智能（meta-knowing intelligence），是关于对知识及其意义和形成过程的认识的智能；四是元认知智能（meta-cognitive intelligence），是我们对自己的思维、自己知道什么以及不知道什么的认知的智能；五是元主观智能（meta-subjective intelligence），是我们对自己的情绪、动机和人际关系的理解的智能；六是元情境智能（meta-contextual intelligence），是我们把握自己的身体与周围环境相互作用的方式的把握智能；七是准确的自我效能感（perceived self-efficacy），是我们对于自己如何行动的认知以及控制自己行为方式的能力。她认为"上述这种对人类智能的重新思考，应该成为教育和培训体系的核心"。

我们新教育实验也一直在认真思考，努力探索在未来教育中应该特别加以关心和强化的方面。我们建构课程体系的思路是：以生命课程为基础，以求真的智识课程、求善的德育课程、求美的艺术课程为主干，以特色课程为枝叶。

第一，新生命课程，拓展生命的长宽高。

我们把人的生命分成生命的长度、宽度和高度三个维度来看待。教育是为人的生命而存在的，命都没有了，教育还有什么意义呢？教育首先要解决生命的问题，让人们能够更健康、更有意义地活着。除了生命的长度，我们同时还关心生命的宽度——成为一个受欢迎的人，关心生命的高度——成为一个有价值、有信仰的人。

第二，新智识课程，培养思维的洞见力。

为了培养人的思维能力，培养审辩性思维和思维的洞见力，我们强调在中小学进行不分文理科的大科学、大人文教育，重视以数学和哲学为核心的科学精神、人文情怀和思维方法。美国互联网企业巨头，如苹果、微软、推特、IBM中有大量印度人才，有人分析一个重要的原因，是印度教育偏重培养逻辑思维，强调清晰的表达，因此印度人才的逻辑思维非常清晰，强调思维的客观性，依赖推论严密和论据充分得出观点，其思维方式的可靠性和可验证性强。反思我们的教育体系，则文理分科太早，刚性的东西太多，柔性的东西太少，学生思维能力的发展会受到很大限制。

第三，新德育课程，助力人类的可持续发展。

怎么把德育落到实处？没有活动，不通过实践，没有参与，是很难真正培养一个人的德性的。我们通过模拟法庭、模拟政协、模拟联合国，通过教育领导力的培养，让一个人有比较好的法治意识、协商沟通能力和人类命运共同体的情怀。

联合国教科文组织于第41届大会期间面向全球发布《共同重新构想我们的未来：一种新的教育社会契约》报告，明确指出人类当下面临着多重危机：不断扩大的社会和经济不平等、气候变化、生物多样性丧失、超越地球边界的资源利用、民主倒退、破坏性的技术自动化和暴力，这些是我们处在当前历史节点的标志。而矛盾的发展趋势，正在引导我们走向不可持续发展的未来。

报告提出了新的教育契约的两项基本原则，第一，就是要确保人们终身接受优质教育的权利。教育要跨越时间和空间，进一步增强包容性和可持续性。第二，把教育作为一项公共行动和一种公共利益的功能。教育作为一项共享的社会行动，其目标在于建立共同的目标，让个人、团体、国家和人类实现共同的繁荣，强调超越传统的人文主义，强调构建新的生态系统。环境教育、生态文明教育需要引起高度重视。

第四，新艺术课程，注重心灵的创造性。

新教育实验特别强调注重儿童天性的自由发挥，注重艺术的欣赏力和艺术情怀的培养，注重培养具有艺术精神、艺术思维和健全人格的人。

美国国家教育科学院，在对1999—2000学年度与2009—2010学年度的艺术教育进行对比研究时，做过一个有5万多本科毕业生参与的问卷调查。其中有一个问题是："什么知识最有用？"回答的结果颇为耐人寻味。毕业1到5年的学生认为基本技能更有用；毕业6到10年的学生认为基本原理更有用；10到15年的认为人际关系更有用；而16年以上的提出了"艺术最有用"。我认为这是一个很值得关注的研究课题。

第五，特色课程，让人成为更好的自己。

最好的教育应该尽可能满足不同人的个性化需要。但是，如何落实呢？新教育实验的方法是推进特色课程。一般特色课程通常是教育的点缀，新教育实验推出的特色课程则希望以人和事的特色为入口，贯穿在生命、智识、德育、艺术各门课程之中，能够激发每个人的潜力，让一个人成为更好的人。

为了推动这些课程的落实，我们不仅以国家教材为基础，进一步丰富了相应的课程，我们还研发了新生命教育读本、新人文教育读本等，更为集中、更为明确地呈现课程并提供指导。

为了个性的张扬。未来的课程至少要给学生留下30%~50%的空间去满足个人的需要。我们知道，北京十一学校开设的课程很多，但是中国95%以上的学校是不可能做到的。课程怎么开设？我们应该动用社会力量。比如我们在整顿校外培训机构的时候，不要把婴儿与洗澡水一起倒掉。培训机构的"中央厨房"、他们对学科的研究等可以为我们所用，可以进到课后三点半以后的课程，也可以作为学生自主的选择，更重要的是能够用优质的课程满足孩子们个性化的需要。最好的教育是让人成为他自己。虽然众口难调，但是未来的学校一定要尽可能满足每个人的个性化需要。

学科阅读书目的研制与使用

一、学科书目研制的背景

新教育对于阅读的关注，是从内容到形式、从个别到群体、从学校到社会的全方位关注。我曾经对新教育同人说过一句话：即使新教育其他的事情都没有做好，能够真正把阅读做好，就是把教育做好了一半。为此，2010年，我们专门成立了新阅读研究所，专注于阅读的研究与推广。我也曾经对新阅读同人说过一句话：即使新阅读其他的事情都没有做好，能够真正把书目研制好，就是把阅读做好了一半。

厘清和解决阅读问题的前提，是关于阅读内容的选择。研制书目，自然是重中之重。中小学学科阅读书目的研制，主要解决中小学生的学科阅读问题，同时也解决中小学学科教师的阅读问题。

就阅读而言，这些年越来越受到重视，但很多时候阅读依旧被狭隘地限定在语文领域。传统的阅读路径与阅读模式，让很多人很容易将阅读这个概念的内涵与外延狭窄化，更多偏向于文科，特别是文学的阅读。

所谓学科，往往有着相对独立的知识体系。学科的出现也是由于科学不断发展，人类越来越深入地探索世界，从而有着越来越细化的知识分类的必然结果。在校园里，学科的学习被细化、窄化，文理科的概念就像一道天河，把学生的阅读割裂开来。有些学科被关注得多一些，阅读状况好一些；而有的学科，除了教科书，学生的阅读几乎为零。这样的学科阅读既零散又无目标，很难支撑学科学习的持续与深层的发展。

学科可以分设，知识可以分类，学习可以分期，但人的精神成长的需求却不能分割。中小学生的精神成长中，特别需要精神养分搭配全面的、成体系的阅读，特别需要学科内在知识与精神的相互融合与共同滋养。目前中小学开设的任何一门课，甚至包括一些该开未开、想开未开的课，都可以借助阅读实现学科视野的拓展与学科之间的融合。所以，中小学学科阅读是学生阅读发展的大趋势，也是奠定未来发展的基础。

二、学科书目研制的原则

最近这些年，全民阅读已经轰轰烈烈开展起来。在已有的良好局面下，要想让阅读取得更好的效果，必须对阅读的各个方面进行进一步的细化研究。读什么和怎么读，是阅读研究的两个绕不开的问题。在这样的前提与背景下，我们研制中小学学科书目，就有着非常特殊的使命。正如以前我曾经讲过的那样，学科书目的研制，起码有着五个方面的价值意义：第一，是深化阅读效果，进一步推动全民阅读的重要举措；第二，是提升国民素养、提高阅读能力的重要方法；第三，是培养跨学科人才的重要途径；第四，是发掘知识自身魅力的重要手段；第五，是促进学生健康成长的重要途径。

所以，我们组织了全国各地的各学科专家、名师，为中小学生制订了一套适合他们年龄特征、符合他们身心发展需求并能引发他们阅读趣味的各学科书目。

当下中小学生的阅读，面临着不少困境。比如市场上的图书良莠不齐，泥沙俱下，中小学生缺乏足够的判断力，选择上容易出现偏差。比如学生大量时间投入到各科的课堂学习之中，丰富的知识被薄薄的教科书遮蔽，学生的阅读尚未开启就已经失去了魅力。比如学科阅读缺乏引领与指导，而能给他们指导的人，最有可能的是与他们长时间接触的教师。但不少教师也将自己囿于所学专业之中，满足于从教科书走向教科书，从本来的听课学生转身为占有参考资料的讲课教师，不能有趣有料地阐释学科的本质、趣味与内涵，不能在学科的文化层面上讲解学科知识。总之，问题繁多，学生缺乏阅读某一学科书籍的兴趣，也不知道读什么书合适。

基于这样的需求与思考，我们的学科书目研制工作，从一开始就确立了高瞻性、引领性、经典性同时兼顾趣味性与融通性的追求。书目研制的第一步，就是请各学科的专家学者确定学科书目研制的原则并逐步细化到每个书目的研制。每一套学科书目，一般都分学生基础阅读书目与教师基础阅读书目，各包括三十本必读书、七十本推荐书，根据深度阅读与广泛阅读的不同要求，有所区分。根据阅读对象的不同，研制原则也有所不同。

（一）中小学学生学科阅读书目的研制原则

1.关注作品所体现的核心价值观。作为一种文化产品，书籍能够帮助孩子建构正确的核心价值观。选择那些核心价值观正确的作品推荐给孩子们阅读，是学科阅读书目研制的首要原则。

2.既尊重学生的兴趣，又强调书目的引导性。推荐给中小学生阅读的书，不能只是单纯地讲道理、传知识。那样枯燥无味的书不可能为学生打开自主阅读的大门。趣味性是吸引学生爱上阅读的非常重要的因素。所以，我们要尽可能考虑到激发学生的阅读兴趣，让他们先爱上阅读，同时要确保所选书目从学术角度是立得住的作品。

3.既尊重市场的选择，又强调作品的经典性。以经典性为基础，兼顾新锐之作。有一定的经典性，则书籍经过了时间和市场的双重检验。由于学科知识不断更新，因此对新近出版的、被学界公认的作品，也会充分给予关注。

4.既关注作品的趣味性，又关注作品的思想性。没有趣味的作品，本身就失去了很多吸引力。为孩子们选择适合阅读的书，趣味性是基础。

5.既凸显民族的文化传统，又强调作为世界公民所具有的现代理念。中国孩子阅读、了解中国文化传统，吸收中国文化的养分，既必要也适宜。作为一个有着开放姿态的国家，我们的孩子也应该有开阔的眼界、广博的知识以及更宽广的胸怀。作为未来的世界公民，孩子可以通过阅读了解更多元的文化。

6.既强调共读、共写、共同生活，又尊重孩子的自由选择。既有必读书目，又有推荐书目，其作用在于强调共读、共写、共同生活，让中小学生在共同的阅读中彼此激励，彼此分享。这样的书目才具有最基础的阅读引领作用。但孩子是千姿百态的，相近年龄段的孩子，尽管在生理与心理的发展上具有很多共同性，但每一个孩子因为家庭背景、阅读经验、个性特征等的不同，在阅读材料的选择、阅读的兴趣和关注点上会有很大的不同，所以，应当尊重孩子的自由选择。有了书目，并不是要固化阅读行为，而是既聚焦又扩散，让孩子们既不会错过必须读到的好书，又能为阅读能力较强、阅读兴趣较广、阅读个性鲜明的学生提供适度的推荐，满足他们的阅读渴望。

7.既关注学生的年龄特点，又考虑各个学段之间的阅读衔接。每一个阶段的孩子都有其特定阶段的成长需求，书目研制应充分考虑这些需求，提供相应的阅读材料。与此同时，我们要兼顾各阶段阅读的过渡与衔接，通过提供不同的书目帮助孩子找到阅读的喜悦感和成就感。

（二）中小学教师学科书目的研制原则

成人阅读与儿童阅读有很大的区别，阅读的目的、需求与方式都有所不同。中小学教师学科阅读书目的研制原则是：

1.开放性与原创性并重的原则。注重拓宽视野，收入世界各国各学科领域的优秀作品。关注中国本土原创作品。当然，选什么书，不仅以国别区分，更要以学界研究成果为先，以作品质量作为一项主要的衡量标准。

2.理论性与操作性并重的原则。不仅推荐纯理论书籍，同时兼顾操作性，注重与教学实践、教育研究的结合。

3.经典性与阶梯性并重的原则。体现出阅读的阶梯与坡度，帮助阅读者缓步上坡，拾阶而上，减少阅读经典的恐惧与困窘。

4.价值观与完整性并重的原则。在各种内容与类型的阅读中，坚持核心价值观，努力帮助读者成为人格完整、精神完善，有幸福感的教师。

三、学科阅读书目研制的过程

有了原则，书目研制就有了基本导向。每种书目的研制都经历了以下的六个步骤：（1）成立专家团队，针对确定的群体海选书目；（2）针对书目初稿至少召开三次专家会议讨论；（3）利用网络进行调查投票；（4）根据调查情况多次讨论确定书目；（5）投入社会、学校试读，搜集阅读反馈意见；（6）组织专家根据试读意见修订发布。

迄今为止，我们已先后发布了中学数学、中学化学、中学历史、中学艺术、小学科学、小学数学、小学语文、小学艺术等十余个学科的学生基础阅读书目和教师阅读书目，是学科书目中的第一批。所有学科书目研制将于2022年底完成。

四、学科阅读书目的推广与实施

学科书目的研制发布，仅仅是倡导学科阅读的前期工作，使用这些书目，将其真正转化为中小学生的真实阅读行为，是最重要的环节，也是最艰难的工程。

第一，学校是学科阅读的主阵地。学生阅读既有自由选择的空间，又需要教师的引领。要让学生们明白学科阅读的重要，更要让他们看到学科阅读的优势与效果，让他们在阅读中不仅快乐而且受益（当然快乐也是受益的一部分），能比较轻松愉悦地学到知识，拓展知识面，也借助于图书的阅读，减轻对有些学科的恐惧感，愿意去尝试并能体会到学科阅读的快乐。可能有人担心：那些学术性较强的学科经典著作，孩子们读起来会感到艰深晦涩吗？法国前教育部长阿尔贝·雅卡尔曾说:"即使最微妙的概念也可以很早就介绍给青少年,不一定非要让他们完全理解这些概念的所有细节,但目的是要激发他们的兴趣,朝这些概念指示的方向进一步探索,不是要详细探索一个新领域,而是在这个领域里转一转,激发他们的渴望,一种到了知识武装完备的那天更向前冒险的渴望。"要想达到这样的状态,教师的指导至关重要。教师要热爱阅读且对本学科的历史发展和优秀图书有足够的了解。在教学过程中,教师指导学生阅读学科经典图书,不仅会增加学习兴趣,课堂的丰富度和文化容量也会增加。因此,学科阅读要从学校开始,从教室开始,从教师和学生开始。

第二,家庭是学科阅读的后花园。在家庭阅读中,学科阅读作为亲子阅读的品质提升之法,值得我们特别关注和研究。无论是父母通过自身的兴趣爱好引领孩子走进不同学科,还是孩子因为对某个事物的强烈好奇,父母在陪伴探索中共同进入某个学科,都是家庭进行学科阅读的常态。

第三,学科阅读要在各科独立和融合之间找到平衡。书目是各学科独立的,但人的阅读与内在的融合无法分割。所以学科阅读既要保持学科的个性与独立,又要在可能的情况下保持阅读选择的弹性,提倡融合性阅读。个人阅读彰显阅读个性，群体共读、伙伴互读能够互相鼓励与激发，相对前者，后者是一种融合。同一本书，不同学科教师引领的不同风格和方法，会引发学生不同的阅读体验，这也是一种融合。教师领读更有权威，而师生共读则能获得不同的阅读效果。在教师书目与学生书目里，会有小部分重叠的书目，就是希望能在阅读中让学生获得满足与成就感，也让教师们在深究中能有新的体悟。这也是一种融合。总而言之，不同的融合，能够促使学科阅读的效果更好。

第四，提倡学科阅读形式的多样化。活泼多样的形式可以激发阅读的积极性与趣味性。随着科技的发展，阅读材料不断丰富，阅读媒介也发生了相当大的变化。学科书目所提供的文字书只是阅读的一种材料。我们新阅读研究所还推出了电影课等多种阅读形式，正是对阅读的进一步丰富。另一方面，多样化的阅读，对中小学师生的理解能力、思维能力提出了更高的要求。其他媒介和多元的阅读形式，并不影响学科阅读的本质，倒是增加了更多的可能与路径，既避免了阅读形式的单一，又使阅读更加生动有趣，而且增加了多种形式之间彼此借力的可能。需要注意的是，我们一方面提倡学科阅读的形式要多样化，一方面也认识到科技是把双刃剑，全看使用者如何掌控。把握好两者的边界，形式的多样化才会对学科阅读形成助力。

第五，实施学科阅读需要足够的自由度。学科书目的研制，既呈现出学科的特点以及彼此之间的差异，又将相同的理念融合其中，搭建了不同学科之间互相融合的阅读桥梁，形成了一张井然有序的阅读之网。阅读不再仅仅局限于文学阅读，而是各学科共同参与的、更精准也更多元的阅读。学科书目的诞生，对倡导和开展学科阅读是一种有力的支持，各项行动似乎都有了依据。但是，书目只是一份"藏宝图"。实施学科阅读的过程中，需要根据学校、教师和学生的具体情况，来确定节奏，灵活使用，自由配比，也可以由学生推荐好书。只有让学科阅读为每个人所用，让每个人从学科阅读中真正寻找自己，发现自己，为成就自己的未来打下基础，才是学科阅读能够深入推进的根本。因为正如教育家怀特所言：教育不是为了教人谋生，而是教人创造生活。

所有学科教师都要成为读书的种子

　　阅读的重要性已经为越来越多的人所认识，营造书香校园也成为许多学校的自觉行动。但是，从中小学生的阅读内容来看，仍然存在不少问题，阅读"偏食"的情况仍然比较严重，阅读仍然集中在语文学科的文学方面，其他学科的阅读比较薄弱。由于学生缺乏相关的学科阅读，就造成学科背景知识积累不够，学习无法深入。学科阅读匮乏的重要原因之一，就是我们的学科教师自己没有真正成为读书的种子。

　　作为学科教师，要充分认识学科阅读在中小学生成长的过程中具有的重要作用。

　　首先，学科阅读能够激发学生学习的好奇心与求知欲。善于提问是打开未知世界的钥匙。爱迪生说"惊奇就是科学的种子"。对于中小学生而言，走进大自然或参观博物馆固然很重要，但由于时间、空间、物力、财力和人感觉能力的限制，很难以一己之力对自然世界和人类文明成果进行全面的、直接的感受。因此，通过学科阅读，借助各个学科的专家、学者的著作，我们可以更快、更好、更深刻地看到一个新的世界。如读法拉第的《蜡烛的故事》和法布尔的《昆虫记》，我们会惊喜地发现习以为常的事物竟有那么多的奥妙；读霍金的《时间简史》和《果壳中的宇宙》，我们会想象自己畅游在粒子、生命和星体之间；读《蓝色星球》《地球动脉》等，我们也会对奔涌的河流、雄壮的山脉、幽深的洞穴、冰雪的世界、蔚蓝的海洋、苍茫的沙漠、奇幻的丛林、浩瀚的草原产生好奇与敬畏。再以数学学科来说，《数学圈》《2的平方根：关于一个数与一个数列的对话》等，也都是帮我们畅游数学世界的优秀学科书籍。

其次，学科阅读能够帮助学生树立人生榜样，确立奋斗志向。学科阅读不仅是读各个学科的普及著作和相关文献，也包括阅读各个学科的先贤和大师的人物传记。对于中小学生来说，阅读科学家、艺术家、历史学者等各类人物的传记是非常有益、也是非常重要的。按照新教育实验的生命叙事理论，每个人都是自己的生命故事的主人翁，也是自己生命故事的作者。能否把自己的人生写成一部精彩"书"，在很大程度上取决于我们是否能够为自己寻找到人生的榜样。一旦学生与那些不同学科、不同领域的伟大人物相遇，就有可能为自己的人生找到榜样，从而确立起人生的志向。

再次，学科阅读能够帮助学生拓展学科视野，理解学科本质。中小学学科学习的主要材料是教科书和教辅书。教科书对学科的基本知识和成果进行综合归纳和系统阐述，具有全面、系统、准确的特征。但是，教科书只是学科的"压缩饼干"，由于篇幅的限制，必须提纲挈领、简明扼要。要真正理解一门学科的内涵，拓宽知识面，把握学科的本质，学科阅读就显得非常重要。

因改进核磁共振技术而获得1991年诺贝尔化学奖的恩斯特博士，在自传中讲述了自己从中学时代开始通过学科阅读而拓展学术视野的故事。他在大学读书期间，很快就对当时瑞士联邦理工学院所教的化学课程感到失望，因为"学校要求学生必须背诵数不清的事实或结论，甚至有些事实或结论是教授都不理解的"。但是，真正的学科阅读帮助他仍然保持着对于科学研究的兴趣，他"还是像在高中一样，继续通过阅读来获得一些像样的化学知识"。书籍向他展示了"在课堂上从来没有提到过的量子力学、光谱学、统计力学和统计热力学"。

学科阅读对于中小学生具有不可替代的作用。在中小学生的学习和精神成长过程中，特别需要搭配全面的阅读产品，无论是数学、科学还是音乐、美术等不同学科，都需要借助阅读这一抓手，实现学科学习的深入有效，实现学科与学科之间的彼此融合，举一反三。

总而言之，学科阅读是真正了解一门学科的最佳路径，学科教师首先要为学科阅读体系的建立添砖加瓦，要成为学科阅读的种子。

如上一篇文章所介绍的那样，我们按照中小学的不同课程，研制了各个学科的基础阅读书目和延展阅读书目，初步建成了一个全覆盖的学科阅读体系。当然，如果没有各科教师对于学科阅读的热爱，这个地图是很难真正发挥作用的。学科阅读的关键还是所有的科任教师都能成为真正的学科阅读的读书种子。学科阅读从科任教师开始，跨学科阅读更是从科任教师的本职和兴趣开始，这正是开展学科阅读和跨学科阅读的关键所在。

谈谈完整阅读

　　首先，新教育实验主张过一种幸福完整的教育生活。显然，阅读生活也应该是幸福完整的。幸福阅读比较容易理解，那么何谓完整的阅读呢？完整阅读是全域化的。"全域化"是一个比"全科"更广阔的概念。很多时候，学校的阅读被局限于语文科特别是文学阅读领域，阅读的内涵与外延大大窄化。学生的阅读就好像是一条条细弱的"线"，无法与学科学习的"面"匹配。有些学科被关注得多一些，阅读状况好一些，"线"就粗一些；有的学科，学生的阅读几乎为零。阅读零散且无目标，难以支撑深度学习，难以拓展视野。不少教师也将自己囿于所学专业之中，满足于从教科书到教科书，未能通过广泛深入的阅读丰富自己对所教学科的认识，因此难以做到有趣有料地传达学科的趣味与深刻。

　　学校阅读必须走向全域化，实现阅读的学科全覆盖。全域化首先是将阅读覆盖到所有的学科领域，缺一不可，包括道德阅读、语文阅读、数学阅读、科学阅读、史地阅读、哲学阅读、体育阅读、艺术阅读等。在此基础上，还应当将课堂的学科阅读延展到课外，包含两个层面，一是阅读内容从读教材延伸到读与教材有关的课外读物，二是阅读地点进一步从学校延伸到家庭、社区，尤其要关注乡村地区，让所有儿童都平等接受优质的全学科阅读。目前急迫要解决的是学校（包括乡村学校）主导的学科阅读的全覆盖，因为不同的学科阅读是具有不同的教育功能和价值的。要改变观念：单一的语文或文学阅读并非阅读的全部。

正如英国思想家弗朗西斯·培根所引述的那样："读史使人明智，读诗使人灵秀，数学使人周密，科学使人深刻，伦理学使人庄重，逻辑修辞之学使人善辩。凡有所学，皆成性格。"阅读的文体不同，语言表达样式各异，因而对阅读者人格产生的影响也不同，各个功能的互补与整合，可以促进人的精神的健全，这就是全域阅读的意义所在。即使是同一学科的阅读，也可以根据学生的发展需要，进一步加以细分。比如语文，文学阅读与实用文体的阅读就大不相同，过去我们关注得比较多的是文学阅读，注重形象感受、情感体验、想象拓展、文辞推敲、悟性生成、审美表达等，也积累了丰富的阅读教学的经验，但只关注文学阅读是不够的，实用文体的阅读同样很重要。这个领域过去没有得到应有的重视，从日常生活的优先性、实践性、功用性的角度看，实用阅读更加不可或缺。所以，学科阅读的一个重要原则是要在充分厘清不同学科特点、目标、价值的前提下，正确梳理和揭示它们各不相同的阅读策略。只有广泛涉猎所有学科的阅读才是完整而全面的。

其次，完整阅读是统整化的。学科可以分设，知识可以分类，学习可以分期，但人的精神成长的需求却不能分割。正是基于精神不可分割的认识，我认为，中小学生的完整阅读还必须超越学科，实现文化与精神相互融合和共同滋养。如何实现相互融合和共同滋养？当然不是将所有学科的阅读简单加以拼凑与混合，统整化的阅读是围绕特定学习项目的主题，优化和整合各个学科的阅读资源，在项目主题引领下，开展"课文拓展阅读""单元群文阅读""主题系列阅读"等阅读活动，最大限度实现阅读的整体教育效应。这就是我们倡导项目式阅读的由来。这一点，其实是与现代基础教育课程的综合、统整的走向是高度呼应的。

课程的综合、统整朝着三个方向推进，与之相应，项目式阅读也有三种类型。

一是学科知识统整型的项目阅读。我们可以根据知识融合的需要，围绕一定的知识主题研发项目阅读课程，借助项目的主题阅读，帮助学生认识学科知识之间的联系，拓展视野，实现学科知识之间的彼此融合，触摸到学科之间共同的文化精神。新教育倡导大人文、大科学、大艺术课程就是如此。

二是儿童经验统整型的项目阅读。在重视知识本位的项目阅读的同时，我们也不能忽视项目阅读对于促进中小学生自身经验融合的巨大作用。项目阅读课程完全可以打破学科的壁垒，围绕少年儿童的兴趣爱好和生活经验的组织与建构，按照成长主题（如出生、健康、游戏、学习、成熟、性爱、婚姻、职业、死亡等）来发掘和整合丰富多彩的阅读资源，并开展相应的主题阅读活动。人生经验统整型的阅读对于学生的精神成长具有更大的、不可替代的促进作用。

三是社会生活统整型的项目阅读。在20世纪30年代到50年代，又产生了以社会为本位的综合课程，即核心课程（core curriculum）。核心课程是以人类基本生活实践为主题而编制的课程。核心课程既不主张以学科为中心，也不主张以儿童为中心，而是围绕人类社会的基本生活需要和领域来确定和融合课程学习的内容，其目的是既避免学科本位课程脱离现实生活的缺点，又避免儿童本位课程单凭儿童兴趣和动机来组织课程的不足，旨在促进科学（Science）、技术（Technology）、社会（Society）融合的STS课程，促进科学（Science）、技术（Technology）、工程（Engineering）、数学（Mathematics）融合的STEM课程，后来在其中加入艺术（Arts），而扩展成为STEAM课程，乃至再加入阅读或写作（Reading、Writing），变成内涵更广的STREAM课程，也许以后还会诞生更多、更新的社会统整课程。所有这些课程综合化的努力，无非是为了使学生通过这样的综合学习，更能适应瞬息万变的未来社会发展对于新型复合型人才的需求。但与之相应的项目阅读课程目前在很大程度上还是空白。新教育实验目前正在研制的项目学习阅读书目，就是努力在这方面进行的探索。我们相信，这个书目不仅仅能够为学生的项目学习提供参考，也能为成就学生的美好未来和社会的美好未来奠定基础。

再次，完整阅读是个性化的。新教育认为，缔造完整的人，从根本上讲，指向每个人的人格或个性的完整性，指向每个人的潜能最大限度的实现，每个人的生命得到最大程度的成长，最终成为更好的自己。阅读也是如此，其目的是在传承与发展文化的同时，成就完整而独立的自我。所以，完整的阅读不仅不应当排斥、反而应当在推进完整阅读的同时，倡导个性化、多样化阅读。这包括以下几个方面的含义。

一是尊重每个人的阅读权，包括他们的阅读选择权——尤其是儿童。每个儿童由于禀赋、气质、潜能、心向、趣味等方面存在诸多差异性，必然影响他们的阅读取向和选择，比如有的学生喜欢阅读文学，有的喜欢阅读数理，有的喜欢阅读艺术，有的喜欢阅读科技，有的喜欢阅读历史，有的喜欢阅读军事，等等，这些差异应当在阅读指导中得到最大限度的尊重与鼓励。二是包容个人选择最适合自己的阅读策略。阅读观念、内容与阅读策略之间并不存在简单的对等性、同一性，而完全可以体现多样的统一性和统一的多样性。三是鼓励个人的"创意阅读"。所以，在阅读指导中，既要要求学生把握文本的客观机理，又要鼓励他们发表个人的独特见解，这样才能促进他们赢得真正的精神进步与飞跃。

20多年来，新教育人一直用心探索阅读内容的完整的问题。1995年，我邀请专家学者研制了第一套面向大中小学学生和教师的阅读书目。这是我们研制的第一套书目，也是中国第一个系统的基础阅读书目。著名学者于光远先生当年评价说：一个书目的价值绝不亚于一条高速公路。从2010年开始，到2016年，六年中，新阅读研究所组建了多个专家项目组，顺利完成了以幼儿、小学生、初中生、高中生、大学生、父母、中小学教师、企业家、公务员9大书目构成的"中国人基础阅读书目"。书目陆续发布以后受到媒体和专家广泛赞誉。2016年开始，新阅读研究所再一次组建团队，研发"中国中小学师生学科阅读书目"，研制中小学所有学科教师、学生的基础阅读书目。目前已经先后发布了中小学的数学、语文、艺术、历史、化学等学科阅读书目，截至2022年年底，学科书目的研制工作将全部完成。2019年开始，新阅读研究所主持并启动"中国中小学项目研究阅读书目"，就中小学生进行项目学习提供阅读书目，首批已经启动的有航空航天、大气科学、电影、戏剧等20余个书目。以上三大系列书目为中小学教育和儿童阅读提供了完整阅读的地图，而且每个书目之中、三大系列之间，又形成了由浅入深的阅读梯次，为儿童阅读的后续发展提供了有效的支持。此外，我还和中国相关领域的专家学者主持研发了中国第一套面向中国盲人的有声阅读材料和听读工具，为推进弱势人群的阅读做了工作。我们还在紧锣密鼓地研发"中国特殊教育儿童基础阅读书目"。

个人成长与读书

在阅读推广的路上，没有人是孤独的。在全世界，在中国，在国际儿童读物联盟（IBBY），都有无数阅读推广人在行动。就像种树的人一样，不断播下一本本好书的种子，不断培育一粒粒读书的种子。我们播下的是种子，更是希望，是力量，是美好，是未来。我愿意和大家一起，种树，种书，全力以赴地耕耘。

我的阅读史

与许多农村的孩子一样，我的童年基本上没有什么阅读生活。虽然父亲是一个小镇的小学教师，教音乐和数学，但是身处那个物质相当匮乏的年代里，家里同样几乎没有什么藏书。

上小学以后，认识的字多了起来，就开始主动找书读。记不清从几岁开始，我突然迷上了读书，而且一开始就与许多喜欢连环画的小伙伴不同，迷上的是厚厚的大书。那个时候，书非常稀少，又是在偏僻的乡村，找到的书大部分是没有封面、没有结尾的残缺不全的书，但我照样读得津津有味。虽然不知道书名，书中的情节还是强烈吸引着我，甚至因为没有封面、缺乏结尾，我不由自主地揣摩书名、自编结尾，反倒激起了更多的阅读乐趣。长大以后才大概知道，那些书是《林海雪原》《青春万岁》《钢铁是怎样炼成的》《三国演义》《水浒传》等。

由于我母亲在招待所工作，我们全家就住在招待所。南来北往的客人经常会随身携带一些好书，我就缠着他们借给我阅读。因为这些客人往往第二天就要离开，我就逐渐养成了一目十行的本领，快速阅读这些得来不易的书籍，有时候几个小时就可以大概浏览一本书的内容。当然，也在一定程度上形成了读书不求甚解的坏毛病。

进中学以后，读得最多的是《毛泽东选集》和《毛泽东诗词》，也开始阅读一些能够找到的文学杂志和诗歌，我对诗歌有着天然的兴趣，记得还用毛笔抄录了一本无名的长诗，用笔记本摘录了许多描写人物与风景的片段。那个时候，与许多少年一样，不知道天高地厚的我，做起了作家梦，津津乐道地与班上的一位同学写诗唱和，用"过江""过海"等笔名写了《车轮滚滚》等小说，还积极向报刊投稿。反正那时投稿不要贴邮票，只要在信封上面写上"稿件""邮资总付"的字样就行了。

我真正的阅读从大学开始。我是恢复高考后的第一届大学生，被录取到江苏师范学院（今苏州大学）的政史系。按照当时情况，如果没有意外，我毕业以后应该是一位中学政治或者历史教师。一开始也没有明确的读书目标。班上的同学来自五湖四海，有一些"老三届"的学生，学问好得让年轻教师也自愧不如。我经常是看他们读什么书，自己就去借什么书。由于中学时代的文学梦想，第一年的时候，看得最多的是中外历代诗歌，从《诗经》《陆游诗选》读到《龚自珍诗选》，再看普希金、雪莱、泰戈尔，也尝试背诵了一些古代诗词与现代诗歌，但是往往是随记随忘，只有一些名句名段有些印象。

第二年，是我阅读比较自觉的一年。我有一位同桌刘晓东，父亲做过教育部副部长，当时是一个省的省委副书记。他告诉我，从书上学习的东西，要比从老师那里得到的多得多。所以，他自己基本上是泡图书馆，老师的课基本上不听。我不敢如此"猖狂"，但是，我们俩一起真正进入了图书的海洋。先是看历史书籍——《光荣与梦想》《第三帝国的兴亡》《世界通史》《中国通史》等，用了好几个月的时间；再后来是读商务印书馆的"汉译世界学术名著丛书"，从卢梭的《爱弥儿》到亚当·斯密的《国富论》，从福泽谕吉的《劝学篇》到黑格尔的《精神现象学》，虽然许多著作并没有真正读懂，囫囵吞枣，不求甚解，但那毕竟是精神充盈的岁月。那个时候，我自己的借书卡不够用，就借同学的卡，每星期从学校图书馆捧回一大堆书，还书的时候，管理员经常笑着问：都看完啦？

在读这些伟大著作的同时，名人传记开始成为我的案头必备。《林肯传》《拿破仑传》《罗斯福传》《居里夫人传》《马克思传》《海伦·凯勒传》……从每一个人物身上汲取精神的力量，成为我为自己充电的必修课。后来，我又读完了学校图书馆里所有的诺贝尔奖获得者传。给我影响特别大的一本人物传记是日本医学改革家德田虎雄的自传《产生奇迹的行动哲学》，这是上海人民出版社"青年译丛"的一种，讲的是德田虎雄怎样从一个日本农村的普通孩子成长为优秀的医学改革家的故事。这本书告诉同是农村普通孩子的我：追寻自己的梦想，任何人都能够创造辉煌；追寻伟大的灵魂，我们也可以走得很远。一直到今天，阅读名人传记，仍然是我日常的功课。

考虑到自己今后要做教师，从大二下学期开始，我有意识地阅读了许多教育学、心理学的著作，基本上都是苏联的教科书，从凯洛夫的《教育学》到列宁夫人的教育文集，看得最多的是马卡连柯的《教育诗》，记了许多笔记。没想到无心插柳，在学校选择部分学生去上海师范大学进修的时候，这些笔记发挥了作用。这些笔记让系总支书记相信，我是真正地热爱教育学与心理学。

真正系统地阅读教育学、心理学著作，是在上海的两年。给我们开课的老师都是大师级的人物，华东师范大学的陈桂生教授、邵瑞珍教授，上海师范大学的李伯黍教授、陈科美教授、燕国材教授、吴福元教授等。吴福元教授是皮亚杰、英海尔德《儿童心理学》等重要著作的译者，我们的心理学原著翻译课程，就是他手把手教的。燕国材教授则把我带进了中国心理学历史的领域。

那两年，我还比较系统地阅读了《尚书》《周易》《论语》《孟子》《春秋繁露》《论衡》《韩愈集》《柳宗元集》《二程集》《张载集》《陆九渊集》《朱子语类》《四书集注》《陈亮集》《叶适集》《王船山全书》《戴震集》等中国古代经典，以及顾树森、毛礼锐、陈景磐等人的中国教育史著作，为我1990年完成近80万字的《中华教育思想研究：从远古到1990年中国教育科学的成就与贡献》一书奠定了基础。

1982年7月，我从上海回到母校江苏师范学院（已复名苏州大学）教书，正式开始了大学教师的生涯。

最初，是教师范生的公共课——教育学。跟着老教师当助教，自己一讲一讲地写教案，从试讲到独立讲课，其间也读了教育学的各种教材。我的教育学课程，由于比较多地加入了心理学等内容，特别受学生的欢迎，在数学系和中文系都是最受欢迎的课程之一，甚至超过了他们的许多专业课程。

1997年底，我离开了大学，到苏州市政府担任分管教育、文化社会事业的副市长，我的读书范围更加广泛了。首先，我为自己订阅了分管领域的主要报纸和刊物各一种，如《中国教育报》《人民教育》《中国文化报》《新闻出版报》《中国妇女报》等，了解这些领域的动态与情况；其次，开始阅读管理学与经济学的一些书籍，如《有效的管理者》《西方管理思想史》《一分钟经理人》等，很长时间是我的案头书。我主编的国家"十五"重点教材《管理心理学》很大程度得益于这个时期的阅读。为了完成博士后的课题，这个时期，我还阅读了大量关于城市管理的论著。

2000年，我撰写的《我的教育理想》一书正式出版，新教育实验的理念初步形成。2002年，新教育实验在昆山玉峰实验学校正式启动。我的阅读生活有一部分与新教育实验的进展紧密地联系起来，与新教育共同体的阅读紧密结合起来了。读《从优秀到卓越》，我为新教育人写下了万余字的读书笔记《新教育，如何从优秀到卓越》；读《如何改变世界》，我对新教育实验的教师说："我们，也可以改变世界。"我的阅读不仅和写作紧密联系在一起，而且和新教育实验的行动也紧密相连。这些书不仅给我提供了养分，也给与我同行的新教育人提供了动力。随后几年配合新教育实验的进展，我不仅阅读了大量相关书籍，更反复、深入阅读了《复杂性理论与教育问题》《儿童人格教育》《教育人类学》《给教师的建议》《教学勇气：漫步教师心灵》《第56号教室的奇迹》《幸福的种子：亲子共读图画书》《有效教学方法》《学校是一段旅程》《相约星期二》《一生的学习》《教学框架》《夏山学校》等著作。

2002年，我和李镇西博士等创办了"教育在线"网站。网站成立以后，读帖也成为我每天生活的重要组成部分。每天清晨，打开电脑，到"教育在线"与教师们交流，看帖、留言、发帖，差不多一个小时的时间，让我及时地了解教师的喜怒哀乐、所想所思。网络读帖是阅读生活的又一种有效方式，我的许多政协提案和人大建议案，都直接来自于教师们的故事和建议。

2007年底，我调民进中央担任专职副主席。角色的变化要求我的读书生活也要随之调整，因此，先后阅读了《大国悲剧》《世界是平的》《美国精神的封闭》《娱乐至死》《大趋势：2020年的世界》《货币战争》《大国的崛起》《"六个为什么"：人民日报系列解答理论文章》《灵魂不能下跪》《人类的敦煌》《辉煌苦难》等一大批政治理论书籍。同时，结合学习民进会史，也阅读了马叙伦、叶圣陶、林汉达等民进前辈的著作，通读了叶圣陶先生的文集。民进是教育党，60%的会员来自一线教师。我是何其幸运，所学的专业就是教育，本职工作与专业学习可以无缝对接，相辅相成。读完《叶圣陶集》之后，我开启了个人的重读教育经典计划，每天早晨读著名教育家的著作，并且选编其中对父母和教师有启发的观点与大家分享，在个人微博上开设了《新父母晨诵》的专栏，10多年来，先后读完了叶圣陶、陶行知、苏霍姆林斯基、蒙台梭利、杜威等教育家的著作，撰写了100万字左右的读书笔记。

2010年，我们在调研中发现，无论是在中小学还是在家庭，无论是教师还是父母，几乎都不知道究竟应该给孩子读什么书。于是，我们组织团队开始研制中小学的基础阅读书目。我们用了大量时间阅读选择最适合儿童读的书，我几乎用平均每天一本的速度，读孩子们的图画书和儿童文学，并且在微博上开设了《童书过眼录》专栏，定期为父母和孩子们推荐好童书。10多年的时间，先后读了2000多本儿童读物。

新教育实验发现，每一个人都有自己的阅读史，但是每一个职业都有其自己理想的阅读史。读什么，在很大程度上影响着我们会成为什么。所以，根据自己的职业和兴趣，选择一些能够帮助自己成长和发展的书籍，是我们每一个人必须努力学会做的事情。

与人教社结缘：从阅读开始

在我的阅读生涯里，还有一段既普通又特殊的阅读经历，与一个人、一个出版社有关。这个出版社，是人民教育出版社。差不多每一个中国人都会与人教社有缘。因为，我们每一个人几乎都是读着她出版的教科书长大的。这是一个奇迹。也许，世界上很少有国家，能够有这样一个奇迹。这个奇迹的创造，与一个人有关，他就是人教社的创始人、首任社长与总编辑叶圣陶先生。

跨越时空，我与叶老有着奇妙的缘分。从20岁读大学开始来到苏州，到留校工作，到成为苏州副市长，苏州可谓我精神的故乡。叶老是苏州人，是从苏州走出去的教育家。在苏州的时间，是叶老教育活动的关键时期。他和吴宾若、王伯祥等人一起，在古镇甪直对学校进行了深刻的变革。他们自己编印各种新教材，创办农场、书店、博览室，建筑礼堂、戏台、音乐室，举行师生同乐会、恳亲会，指导学生排练戏剧，组织学生远足，创造了一个充满时代气息和生活情趣的学校环境。同时，叶老时刻关注窗外的世界，积极参加各种社会活动。他和朋友们一起成立了甪直镇教育会，研究社区的教育改革问题，他参加了北京大学学生组织的新潮社，他与郑振铎、茅盾等人组织发起了文学研究会。在这个时期，叶老发表了一系列关于小学教育的文章，如《今日中国的小学教育》《对于小学作文教授之意见》《小学教育的改造》等。叶老那些脍炙人口的小说《稻草人》《多收了三五斗》等，也都是在这期间完成的。

人即是书。生活是活书。同为教育工作者，对叶老的钦敬，让我不断从文字中探寻他浩瀚的精神世界，人生的幸运，又让我得以在生活中也能不断追寻他的步伐。在苏州，推开我家的北窗，就是草桥小学。走不到一百米，就是苏州一中。这里都是叶老曾经工作与生活过的地方。那些旧房子已经不在了。但是，每一次对着窗户凝望，或者每一次经过一中的校园，看到矗立在校园中叶老的汉白玉雕像，我似乎会感觉到叶老还在那里教书。因此，心灵时常受到一种莫名的感召与洗礼。

我还是中国民主促进会会员。之所以参加民进，在很大程度上也是基于对叶老的崇敬。叶老是民进的卓越的领导人。他立会为公，为人厚道，与中国共产党肝胆相照，风雨同舟。2007年底，我也到了北京，来到了叶老曾经工作过的地方，接过老一辈民进领导人手中的接力棒。每天上班时，看着大厅里叶老慈祥的塑像，总是感到肩上的担子沉甸甸的。而我与人教社特别的缘分，不仅是因为我是读着人教社的书长大的，也不仅是因为我是读着叶圣陶先生的书成长起来的，还因为，我自己也是人教社的一位普通作者。

古人早有"不动笔墨不读书"的劝诫。我的亲身经历则告诉我，从某种意义而言，写作是阅读的梳理与衍生。我很早就发现，动笔的确能有效提高阅读的质量，因此在阅读中始终坚持做读书笔记，对感触深的书籍则及时撰写读后感。时间长了，读书多了，就渐渐不甘于仅仅是摘抄，而是尝试着开始了创作，希望自己的所读所思，能与更多人分享。于是，在我大学毕业以后不久，就与人民教育出版社结了缘。

在导师燕国材教授的推荐下，我有幸参加了人教社出版的中国第一本心理学史教科书——《中国心理学史》的撰写工作，成为作者之一。这本书的顾问潘菽先生和主编高觉敷先生，可谓我国心理学界的泰斗。在20世纪80年代，编一本教科书的复杂程度，远远比现在大得多。光是研制教科书的大纲，就开过好几次研讨会。我记得，我们先后在江西庐山、山东曲阜等地开过研讨会，除了两位主编，参会的还有刘兆吉先生、李国榕先生、燕国材先生、杨鑫辉先生、杨永明先生、许其端先生、邹大炎先生等老一辈心理学家。现在，他们中的大部分已经离开人世了，但是他们开创的中国心理学史研究领域以及他们编写的《中国心理学史》，已经永远地留在了历史上。

在编写这部教材的岁月里，我曾经在人教社的地下室工作了一个多月。初稿出来以后，许多具体的工作，当然是我这个最年轻的人奋勇当先了。所以，我有机会在责任编辑戚长福的领导下工作。每一句话，每一个标点，每一段引文，都要字斟句酌。白天到出版社工作，晚上回到地下室，还要继续看清样、查资料。那段时间，虽然辛苦忙碌，但是学到了严谨踏实。

教科书出来以后，需要教学参考资料。潘老高老等年事已高，任务自然就落到了燕国材教授等中坚力量的身上，我有幸继续参加这个工程，并且担任了四卷本《中国心理学史资料选编》的副主编。那个时候，我又先后几次来到人民教育出版社，先后几次住到那印象深刻的地下室。与人教社的缘分，因此也深深地结下了。

再次与人教社结缘，是2002年。这一年，我决定把自己多年积累的文字汇编成一个文集。这是一个有些张狂的想法。因为，那个时候，在中国教育界，还不像文学界的作家们，可以自由地出版选集、文集；还没有一个活着的教育家，敢于出版自己的文集。在联系人民教育出版社之前，我曾经与另外一个比较知名的教育出版社洽谈，他们同意出版我的十本著作，但是不赞成用文集的形式出版。因为他们觉得这样做似乎太夸张。他们甚至劝我说，那么多老先生都没有出版文集，你这样做，对你自己也不好！

初生牛犊不怕虎。我还是想出版属于自己的文集，而且想在叶圣陶先生创办的人教社出版。于是联系了当时人教社的副总编辑吕达先生。没有想到，吕达先生很快答复，表示愿意出版我的十卷本教育文集，而且列入了国家"十五"重点出版计划。刘立德、邹海燕等教育编辑室的同志，也全力以赴支持文集的出版工作。

经过近两年的努力，一套350余万字的十卷本《朱永新教育文集》正式问世。全国人大原副委员长、民进中央主席许嘉璐先生亲自为文集撰写了热情洋溢的长篇序言，充分肯定了我的探索和努力。人民教育出版社首印3,000套很快就脱销，一再加印。至2011年，文集的

第一卷已经重印7次，第二至第十卷已经连续重印5次。文集在全国教育新书销售排行榜上名列前茅，并荣获全国教育理论优秀畅销书奖、首届中国教育学会奖、中国大学版协优秀畅销书奖等各种奖项。在《中国教育报》主办的2008年度"全国好书教师评"活动中，文集又获得"最优秀的教育学术理论图书"第一名的荣誉。文集也受到了海外的关注。2008年9月，人教社与韩国语文学社签订协议，将《朱永新教育文集》的版权输出韩国，这是首位中国教育家的理论著作集中被输出海外。经过近两年时间的紧张翻译、编校等工作，2010年初，该文集的韩文版正式在韩国出版发行。2010年9月，文集再次签约输出日本，由日本著名的东方书店出版。此外，汉字繁体版的三卷本《中国教育思想史》，也在我国台湾地区出版。

如今，当年十卷本的文集，已经丰富为十六卷本的《朱永新教育作品》，并且在世界著名的教育出版集团麦格劳－希尔引进16卷本版权之后，阿拉伯思想基金会引进了《中国新教育》的版权。至今为止，我的教育著作已经出版英、法、德、俄、日、韩、西班牙、希腊、罗马尼亚、越南、哈萨克等27种语言的70个版本。回想当年，人民教育出版社出版这套文集是需要勇气的。论年龄，我比那些老专家年轻许多；论学问，我肯定不是做得最好的；论积累，我肯定不是最深厚的，但是，人教社能够排除各种阻力出版我的文集，这对于一个中青年学者来说，毫无疑问是最大的奖掖和提携。

在人教社诞辰60周年的时刻，我专门写了文章为人教社庆生。60年，一个甲子；60年，一座丰碑；60年，一部奇迹；我把人教社看成是我的老师，因为我是读着她的书长大的。我也把人教社看成是我的大哥，因为她长我8岁。我更把人教社看成是我的恩人，因为在我迈上学术道路之初以及我最重要的学术成果出版的时候，她给了我最关键的帮助。而这一切，都是因书结缘，归根结底，其实是从阅读开始。

回望阅读推广这一路

对于我来说,"阅读"两个字是如此辽阔,如此庄严,如此神圣。

自觉不自觉地,我似乎已经把自己的生命交付给了阅读。因为,从我的个人成长来说,我的生命,我的精神,得益于阅读的不断滋养。从我发起的新教育实验来说,阅读是所有实验项目的基石,是重中之重。

新教育诞生的直接起因,就是一颗心被阅读点燃的过程:1999年底,《管理大师德鲁克》一书中的那句"仅仅凭自己的著作流芳百世是不够的,除非你能够改变和影响人们的生活",深深震撼了我。在那之后,我开始走出书斋,不仅走到了基础教育第一线,也逐渐走到了阅读推广的第一线。

2002年,新教育实验在苏州昆山玉峰实验学校正式起航。这个实验一开始就推出了"六大行动",位于六大行动之首的是:营造书香校园。我对我的新教育同人说，即使新教育其他事情什么都没有做，能够真正地把阅读做好，能够通过学校的阅读来撬动中国全社会的阅读，它的贡献也就非常了不起了。

2003年，第一届新教育实验研讨会正式举行，第一批新教育实验学校也正式挂牌。这一年，我当选为全国政协委员。在这一年的两会上，我正式提出了建立国家阅读节的提案。同时，提出了新教育关于阅读的几个主要主张——一个人的精神发育史就是他的阅读史，一个民族的精神境界取决于这个民族的阅读水平，一个没有阅读的学校永远也不可能有真正的教育，一个书香充盈的城市才能成为真正的家园。

从2003年开始，无论担任全国政协常务委员会委员还是担任全国人大常务委员会委员，我从未放弃过对阅读的呼吁，我们的新教育团队，也从未放弃对阅读的研究、实践与推广。

2005年，我们推出了《新世纪教育文库》，公布了小学生、中学生、大学生、教师的书目各100种。

2007年，我们在山西运城召开了新教育实验第7届研讨会，会议的主题是"共读、共写、共同生活"。以"毛虫与蝴蝶"儿童阶梯阅读和"晨诵、午读、暮省"的儿童生活方式为基础的新教育儿童课程在会议上正式亮相，第一批以推广儿童阅读为特色的新教育榜样教师在会议上言说了他们的成长故事。阅读的效用，童书的神奇，在老师、孩子身上展现得淋漓尽致，许多参会者感动震撼到泪流满面。

2010年9月，我直接推动的新阅读研究所在北京成立，先后推出了"中国幼儿基础阅读书目""中国小学生基础阅读书目""中国初中生基础阅读书目""中国高中生基础阅读书目""中国大学生基础阅读书目"以及"中国教师基础阅读书目""中国父母基础阅读书目""中国企业家基础阅读书目""中国公务员基础阅读书目"等，这是中国历史上第一个全面系统面向各个基础人群的阅读书目。书目陆续发布以后受到媒体和专家广泛赞誉。曹文轩教授的评价是"虽然可能有遗珠之憾，绝对没有鱼目混珠"。新阅读研究所也先后荣获了由《中国新闻出版报》、腾讯网等颁发的全国阅读推广机构大奖和年度致敬阅读推广机构称号。

2011年11月，新教育亲子共读中心在北京成立，后更名为新父母研究所和新家庭教育研究院（国本家庭教育研究中心）。以推广亲子共读为主要任务的新父母研究所在成立的一年多时间里，在全国30多个城市建立了"萤火虫工作站"，汇聚着近20,000名父母；在全国各地举办了200多场关于阅读的公益讲座和活动，直接参与者近90,000人次；发布了近500则"新父母晨诵"，3,000多万人次阅读……以"点亮自己，照亮他人"为宗旨的萤火虫精神，帮助千万父母、孩子点亮了阅读的心灯。在推动阅读中至关重要却长期缺位，甚至因为错误的教育理念而成为儿童阅读阻力的父母群体，就此深度卷入到阅读、教育之中。现在，新父母研究所已经发展成为新家庭教育研究院，编撰出版了《这样爱你刚刚好，我的高一孩子》《中国家庭教育年鉴》等读本。

2012年1月，《人民日报》用难得的大篇幅发表我的长文《改变，从阅读开始》，与此同时，整合我多年思考的《我的阅读观》一书由中国人民大学出版社正式出版。这本书共五章，分别讲述了我关于阅读的五个基本观点：①一个人的精神发育史就是他的阅读史；②一个民族的精神境界取决于这个民族的阅读水平；③一个没有阅读的学校永远不可能有真正的教育；④一个书香充盈的城市才能成为美丽的精神家园；⑤共读、共写、共同生活才能拥有共同的语言、共同的密码、共同的价值、共同的愿景。

这一年，我被国家新闻出版总署聘请为全民阅读形象大使，柳斌杰署长在中央电视台的读书晚会上亲自为我颁发了聘书。比这些更让我激动与自豪的是：这一年，中央电视台举行全国十大读书少年评选，海选产生的30个候选人中新教育的孩子有17名，最后获奖的十大少年中，新教育的孩子有6名。

从2003年两会开始，我连续多年在全国人大和全国政协呼吁建立"国家阅读节"，把全民阅读作为国家战略，建立国家阅读基金，成立国家阅读推广委员会，加强社区图书馆建设，把农家书屋建在村小，给实体书店免税，国家领导人带头做阅读的模范，打击盗版、繁荣网络文学……几十个关于阅读的提案建议，记录着我这些年为阅读的鼓与呼。

十多年过去了，虽然国家阅读节的提案没有成为现实，但时光从不辜负任何真诚的努力。我与新教育同人、与诸多阅读推广的行动者们一起欣慰地看到，阅读的理念已经被更多的人接受，全民阅读的氛围越来越浓厚，阅读率连续下降的趋势也得到遏制。据不完全统计，全国已有400多个城市设立了城市读书节，如苏州、深圳等地的读书节已经发展成为城市的重要文化活动。许多城市和学校根据我们的提议，把9月28日孔子诞辰日定为阅读节或阅读日。

在阅读推广的路上，我们并不孤独。这条路上，不仅有越来越多的朋友共同前行，我们的努力，也一直受到媒体朋友的高度关注。每年我们为阅读鼓与呼的声音，经过媒体的热情帮助，被不断向着更大更远的领域传播。比如，自2005年《中国教育报》评选我为推动阅读的十大人物后，新教育的教师们也因其持续的行动、感人的事迹不断获此殊荣——许新海、常丽华、陈东强、王林、窦桂梅、管建刚、刘畅、时朝莉、李庆明、高万祥、郭明晓、童喜喜、孙建通、袁卫星、邱华国等，几乎每年都有新教育的教师入选榜单，最多的一年有4位新教育人入选。中国有1600万左右的教师，每年遴选10人，至少有一位是新教育的教师，说明在阅读推广方面，新教育的确是走在前沿的。

2012年初，利用春节长假，我修订完成了一本小书《书香，也醉人》。在该书后记中我写道：生活节奏越是匆促，越需要保持从容的心境，精神世界污染越重，越需要浸染一份醉人的香氛。传统的纸质图书飘溢着纸和墨的香味，随着电子书的普及，纸质图书的命运已经受到了很大的挑战。如今的电子书尽力在模仿纸质书的所有细节与功能，包括翻页的声音、墨汁的痕迹，或许在将来，也能模拟出纸和墨的香味。我相信，改变的永远是形式，而实质的内容，精神的书香，永远不会消失。

2012年底，《中国新闻出版报》评选了四个推动阅读的年度机构和年度人物。我担任名誉所长的新阅读研究所和我本人都榜上有名。其中，给我的致敬词是这样写的："从央视全民阅读晚会现场到全民阅读形象代言人，到以一己之力推动新阅读的朱永新怀着激情、循着理想行走在新教育实验和阅读推广的道路上。通过倡导'晨诵、午读、暮省'的阅读生活方式，他使中国教育充满活力。毋庸置疑的是，在过去的10年里，朱永新一直站立在中国阅读推广的精神之巅。"报社没有搞任何形式的颁奖活动，甚至也没有通知我本人。我是在事后多天偶然翻到那张12月28日的报纸才得知这个消息。对于他们的鼓励，我心存感激。但是，说我以"一己之力"或者说我个人"站立在中国阅读推广的精神之巅"，是不符合实际的。因为，如果没有新教育同人的共同努力，没有政府、媒体和同行者的共同努力，任何个人都难有真正的作为。

我高兴地看到，这些年，全民阅读在我国已经逐步深入人心。2000年，我国知识工程领导小组把每年的12月定为"全民读书月"。2006年，我国国家新闻出版总署与多部门联合发出《关于开展全民阅读活动的倡议书》。2011年，党的十七届六中全会首次在全会决议中写入"开展全民阅读活动"。2012年，党的十八大报告首次将"开展全民阅读活动"纳入我国社会主义文化强国建设。2014年以来,"倡导全民阅读"已经连续多年写入我国政府工作报告。2016年,《中华人民共和国国民经济和社会发展第十三个五年规划纲要》发布,《纲要》将全民阅读工程列为"十三五"时期文化重大工程之一,将全民阅读提升到国家战略高度。2016年底,我国首个国家级"全民阅读"规划《全民阅读"十三五"时期发展规划》发布。2017年6月,国务院法制办办务会议审议并原则通过了《全民阅读促进条例(草案)》。2017年11月,第十二届全国人民代表大会常务委员会第三十次会议审议通过了《中华人民共和国公共图书馆法》。2020年,中央宣传部印发《关于促进全民阅读工作的意见》,全面部署深入推进全民阅读,提出到2025年,通过大力推动全民阅读工作,基本形成覆盖城乡的全民阅读推广服务体系,全民阅读理念更加深入人心,活动更加丰富多样,氛围更加浓厚,成效更加凸显,优质阅读内容供给能力显著增强,基础设施建设更加完善,工作体制机制更加健全,法治化建设取得重要进展,国民综合阅读率显著提升。

如今,阅读行动渐已成为一种社会风尚。2021年4月,第十八次全国国民阅读调查报告显示,2020年我国成年国民包括书报刊和数字出版物在内的各种媒介的综合阅读率为81.3%，较2019年的81.1%提升了0.2个百分点。尤其让人感动的是，在汪洋主席的亲自推动下，2020年开启的全国政协委员读书活动如火如荼，成果外溢，对于推动全民阅读起到了重要的作用。是的，书香醉人，不忍释卷，阅读推广，余香满怀。接下去的全民阅读的行动，会有着怎样的精彩？让人满怀期待。

回望，不是为了顾影自怜，尽管我们走过的这一路，的的确确并不平坦。回望，也不是为了自我陶醉，尽管我们这一路上，的确得到过额外的奖赏。推动全民阅读，就像爬山。如诗人所写的那样："半山腰所见是平庸之景。最美丽的花多半在山顶，在岩脊下，被风滋养。"回望，是为了审视我们的来路，总结行走的经验与教训。回望，是为了鼓舞我们自己，因为我们还只是站在半山腰，前路仍然漫长。回望，更是为了展望。展望我们的明天，展望我们这个伟大的民族，如果整个社会都被书香萦绕，如果大人孩子都手不释卷，那时那刻，我们的祖国，我们每个人，该会有着怎样美好的成长，有着怎样的自信与自强？

我深信，书香中国绝不是梦。为推动阅读而鼓而呼，我愿永远在这条芬芳的山路上不断登攀。

人工智能会改变人类阅读吗

　　2017年5月，微软联合图书出版商湛庐文化在北京发布诗集《阳光失了玻璃窗》，诗集的作者系微软人工智能机器人"小冰"。据介绍，"小冰"学习了1920年以来五百多位诗人的现代诗，训练超过一万次，其写作诗歌的思维过程与人类相似，大致有诱发源、创作本体、创作过程、创作成果等步骤。自这一年的2月起，"小冰"在天涯、豆瓣、贴吧、简书四个网络平台使用了二十七个化名发表了诗歌作品，有大量跟帖评论，但无人知道其是机器人。该诗集出版后，在中国诗歌界引发多轮议论，诸多诗人、批评家、翻译家对此发表了各自的看法，其中反对者多而赞成者少。但人工智能发展迅速，成果惊人，已成既定事实。

　　除了"小冰"出诗集外，人工智能在多个领域高歌猛进，让人目瞪口呆。阿尔法狗三场连胜世界围棋冠军柯洁，其升级版AlphaGo Zero（阿尔法元）在没有人类导师的情况下无师自通，攻陷人类智力游戏的高地。在医学和法律两个同样需要高智慧的领域，智能机器人也出手不凡，战绩辉煌。

2018年的帷幕刚刚拉开，人工智能又一次高歌猛进。在由斯坦福大学发起的SQuAD（Stanford Question Answering Dataset）文本阅读理解挑战赛中，来自微软和阿里巴巴团队的人工智能模型分别以高分战胜了人类选手，位列榜单的前两位。虽然领先分数不多，但这是人工智能首次在文本阅读测试中战胜人类，意味着人工智能在自然语言处理方面，已经达到了人类对语言词句的理解层次。

可以想见的是，人工智能已经对人类的创造能力和创造机制提出了挑战，更带给我们很多值得思考的问题。那么，人工智能会对人类阅读产生什么影响呢？

我在致新教育同人的新年致辞中说，未来的教师一方面要与机器共舞，要善于借助智能机器人为我所用；另一方面更要努力做智能机器人无法做的事情。

智能机器人在教育上应用，恰恰是因为传统教育中的各种方法——死记硬背、满堂灌，等等，都是机器人的强项。但是，机器人很难深入人的情感深处，很难关注人的个性发展，而这些恰恰是教育的本质，是教育的真正使命。从这个意义上说，智能机器人的兴起反而让我们重新审视和发现教育，回归教育的本性。按照这样的思路，我们来审视人工智能与人类阅读，审视如何利用人工智能服务人类自身的阅读，许多疑惑也就可以迎刃而解。

一方面，从根本上来说，人工智能无法替代人类的阅读活动。每个人的精神成长历程，在一定程度上重演了整个人类精神成长的历程。人的智慧、人的思想是无法通过基因遗传的，也无法像机器人一样通过芯片置入。尤其是作为情感熏陶、价值观涵养的阅读，没有个人的深度思考是很难做到的。所以，通过阅读与那些最伟大的思想、最伟大的智慧对话，不仅是个人精神成长的必修课，也是整个社会进步的重要路径。不仅机器无法替代，人自己也无法代替别人进行阅读。

另一方面，人工智能虽然无法替代人类的阅读，但是的确帮助人类更有效地阅读。如查找资料性质的阅读，未来就可以交给智能机器人去做。我们的阅读有相当一部分是阅读各种工具书，检索相关主题、查找资料，这样的工作机器人比人做得更快捷更准确，我们提出要求，发出指令即可。这就节省了大量时间。如机器人还可以帮助人对书籍进行"初读"，了解一本书的基本观点和主要内容，为人们进一步深入研读提供基础资料。机器人也可以根据自己的"阅读"和对读者阅读口味的了解对图书进行分类分级，帮助人们寻找最合适的读物，等等。再如人工智能可以读书给人听。现在的电脑在模拟人声方面已经可以达到"乱真"的地步，能够"无限接近"真人的声音，甚至连人在朗读时的感情色彩也可以被人工智能"高仿"。无论是以生气还是开心的口吻读，无论语气是平缓还是急促，人工智能都可以有效识别，用适当的语速、语调和声音朗诵出来。这样的阅读可以帮助人们"一心二用"地听书，也可以帮助不识字的幼儿进行阅读。另外，人工智能可以通过虚拟现实等一系列技术，让阅读超越现有纸质媒体的束缚，进入多媒体多感官的领域。阅读时加入全息投影与成像技术，会创造一番全新的阅读体验。前些年图书中已经普遍运用的二维码技术，以及近年很流行的AR（增强现实）图书，已经实现了多媒体阅读的可能。

　　总之，无论社会怎样变化，技术如何进步，作为人的精神发育的最直接、最便捷、最有效的手段，阅读永远是必需的，而且是不可能被人工智能取代的。但是，未来的人的阅读，也不可能是传统意义上的人的阅读，从阅读方式到阅读内容，都会发生深刻的变化。未来的人，在很大程度上是一个"人机结合体"，也就是说，未来的学习者，是人脑加人工智能的合体，人们会把简单的、工具性的、检索性的阅读交给智能机器人，会利用各种碎片化的时间让机器人为自己读书，阅读的效率和效果也会进一步提高。人工智能将会帮助人类智慧阅读、高效阅读。

做书的主人

去年曾经收到《教师月刊》主编林茶居的一封信。他在信中说：

> 阅读的重要性，阅读对于人的精神成长的意义，怎么强调都不为过。同时应该注意的是，也要避免陷入"书本崇拜"和"唯阅读主义"，也就是不要把阅读"神化"、绝对化。

> "仗义每从屠狗辈，负心多是读书人。"这是明代学者曹学佺的诗句，读来真是让人心有戚戚。当然，此处"读书人"中的"读书"和今天我们所说的"阅读"，两者的价值内涵和意义旨趣是存在差异的，但无法否认，确实有人因为读书，因为阅读，把"心"读"坏"了。

对信中提出的问题，我想了很多。作为全民阅读形象大使，这些年来我一直在全国各地为阅读鼓与呼，从来都是宣传阅读的价值与意义，还真的没有认真想过阅读可能导致的误区和问题。所以，他在信中谈到的阅读社会学问题，还真是提醒了我。

他的来信提出了两个重要的问题，一个就是阅读要避免陷入"书本崇拜"和"唯阅读主义"，把阅读神化、绝对化的问题；另外一个就是防止因为阅读把"心"读"坏"了，防止坏书对人的负面影响的问题。这两个问题的确值得思考和研究，也应该在推广全民阅读过程中尽可能避免。

关于防止"唯阅读主义"的问题。尽管前人早已经有"开卷有益"的古训，但我们的老祖宗也有"尽信书不如无书"的告诫，更有"读书贵有疑"精神的倡导。其实，只相信书本上说的东西，本身就是人不成熟的表现。

在一个人的人生发展历程中，从最初迷信父母（"我爸爸妈妈说的！"）、迷信老师（"老师说的！"），到后来迷信书本（"书上说的！"），再到相信自己（"我说的！"），到具有怀疑精神（"谁说的？"），是一个从盲从走向理性的过程。所以，学会怀疑，本身就是阅读的基本方法、基本要义。

宋代教育家朱熹把怀疑作为阅读方法的重要内容。他说："读书无疑者须教有疑，有疑者却要无疑，到这里方是长进。"也就是说，读书要学会提出问题，有了问题就要追究下去，一直把疑问解决。明代学者陈献章更是把有没有疑问、有怎样的疑问作为阅读是否有成效的标志："前辈谓学者有疑，小疑则小进，大疑则大进。疑者，觉悟之机也。一番觉悟，一番长进。"他认为，善于提出问题，才是真正的"觉悟之机"，也才是一个人进步的真正契机。

的确，智者千虑必有一失，再伟大的著作有时也会有错误。如果把书中的每一句话都当作真理，每一个论断都当作圣旨，就很容易犯本本主义、教条主义的错误，就会成为"两脚书橱"，就会被书籍牵着鼻子走。明代著名地理学家徐霞客在读《禹贡》一书时，对书中"岷山导江"的说法产生了怀疑。后来，他通过实地考察，亲身探寻长江源头，终于做出了金沙江是长江上源的新结论，纠正了前代地理学著作中的错误。实践是检验真理的标准。善读书，就要善疑问，善实践，知行合一。这样就不会把阅读神化、绝对化，就会尊重劳动人民的智慧，尊重通过实践得到的知识。

说到"把心读坏"的问题，信中引用的"仗义每从屠狗辈，负心多是读书人"，有一个颇为有趣的典故。说的是明代学者曹学佺赴任广西右参议之后，碰到了一起官司。一天皇亲放出斗犬撕咬路人，一秀才奔跑不及，在命丧狗口之际被一屠夫相救。皇亲把屠夫捆绑起来连同死狗一起送到官府，要曹学佺判他死罪给狗偿命。结果曹学佺毫不畏惧皇亲宗室，判屠夫无罪。皇亲感到脸面不保，暗中重金贿赂并威逼恐吓秀才改口供，说他自己和斗犬在玩闹嬉戏，是屠夫无由杀了斗犬，要求重新审理。曹学佺勃然大怒，重判屠夫无罪；秀才因为与狗相好、认狗做友、恩将仇报，革去功名，给皇亲当狗！并在案卷上愤然写下了这副"仗义每从屠狗辈，负心多是读书人"的千古名联。

虽然，这个故事中发生的事都是个案，不能够据此就得出天下读书人就全部不如屠夫的结论。但是，却引发一个切实的问题，那就是：不好的书的确会把人的心读坏。英国作家菲尔丁说："不好的书也像不好的朋友一样，可能会把你戕害。"止庵先生也说，"读一本坏书就像去垃圾场转了一圈，而你却认为自己是去旅游了一趟"。从现实生活来看，坏书是精神毒药，也是人生歧途的铺路石。

如改革开放以来第一个被判死刑的高官、江西省原副省长胡长清就是一个"爱看书"的人，但是他经常看的是《肉蒲团》《素女心经》等，他的荒淫无度与他痴迷这些"黄色"书籍不无关系。辽宁沈阳原副市长马向东也"爱看书"，他随身经常带着《赌术精选》《赌博游戏技巧分享》《赌术实战108招》，赌博成性的他在中央党校学习期间还偷偷出境赌博，结果赌掉了性命。山东泰安原市委书记胡建学也"爱看书"，但喜欢看《麻衣相法》《柳庄相法》《相术大全》，"大师"曾经预测他有当副总理的命，可命里还缺一座"桥"，于是下令将国道改线，在水库上架起了一座"岱湖桥"，结果不仅没有把他"带起来"，这座桥也被人们戏称为"逮胡桥"。

当然，人不是被动地接受书籍的。三观不正的人，读好书也可能读出问题；善于阅读的人，读坏书也不会深受毒害。关键还是我们自己用什么样的态度在读书。一方面，我们要学会与那些伟大的书籍对话，汲取大师的人生智慧；另一方面，我们也要善于怀疑，警惕自己随波逐流，人云亦云。掌握这两点，真正成为书的主人，自然就能发挥阅读的正面价值。

从书写作品到书写人生*

在座的都是写作者，而且是优秀的写作者。大家过五关斩六将，才能来到这里。今天我想告诉大家的是，真正的写作者，不仅应该写出优秀的作品，更应该写出精彩的人生。

写作能力是可以迁移的。人在某一方面的能力，只要用心，可以迁移到其他方面。那么，我们如何把自己的写作能力迁移到我们人生的思考中去，迁移到我们人生的行动中去呢？我想与大家分享几个主要观点。

第一，写作者在为作品寻找原型的时候，应该为自己的人生去寻找原型。

写作者在创作的时候，心里面总会有一些原型。有你在生活中经历的，有你在阅读中体验的，各种各样的

---

* 本文是作者在 2017 年第四届"北大培文杯"全国青少年创意写作大赛决赛颁奖典礼上的讲话，有修改。

人会出现在你的作品里，组成新的组合。这些人物原型撑起了你的作品生动的画面。

我们的人生也是需要原型的。每个人的一生其实就是一个故事，你是你生命的主人公，也是你故事的作者。从呱呱坠地到离开人世，你用一生的时间在书写你自己这个作品。你这个作品是否精彩，取决于你身为作者是不是用心在书写。用心书写的一个重要标志，就是为自己的生命寻找原型。我们发现，那些伟大人物在他成长的历程中，总是有自己的生命原型，总是以某些人作为自己的榜样，作为自我的镜像。越是这样的人，人生越有目标，越是能够走得更远。

所以，爱好文学写作的你们，在绞尽脑汁寻找作品原型的时候，是不是也应该为我们自己的生命去寻找原型呢？你像谁那样活着？你像谁那样追求？你能不能把你自己的生命变成一个伟大的传奇？总之，正如你认真用心书写自己的文字作品一样，我们应该努力书写自己的人生，而最关键的前提，就取决于你能不能为自己寻找一个伟大的原型。

第二，写作者在为自己的作品谋篇布局的时候，也应该对自己的人生进行规划和行动。

人生就是一个大作品，也是需要谋划的。我们这个世界是由精神和物质两个层面组成。我们看到的风景其实也有两种不同的风景：自然的风景和精神的风景。而我们每个人其实也要过两种生活：物质的生活和精神的生活。许多人，包括接受过高等教育的人，都生活在物质的世界之中，满足于怡情山水，看自然的风景，却往往忘记了看精神的风景，过精神的生活。看精神风景、过精神生活，有一个简单而重要的标志：阅读。

那么，我们有没有对自己的精神生活做过规划呢？有没有谋划过自己一生到底应该读哪些书呢？其实就像规划旅游，要去看好山好水一样，也应该规划读哪些书。有了读书规划，我们的精神生活才有可能走向丰富。

再以时间管理为例。我们每天忙忙碌碌，总是担心时间不够用，总是为自己没有时间阅读、写作寻找各种各样的原因和借口。我一直认同，时间就像海绵里的水一样，总是能够挤出来的，重要的事情总是有时间的。这些年来，我出版了不少作品。其中仅仅是我参政议政方面的著作，就先后完成了《我在政协这五年：一个民主党派成员见证的中国民主政治进程》（2003—2008）、《我在人大这五年》（2008—2013）、《我在政协这一年》（2013—2017，共五卷）、《教育改变中国》（政协委员文库）和《朱永新：政协委员风采录》等近10部。许多人感觉很奇怪，开玩笑般地问我如何"变魔术"一样写出来的？其实，这是我每天坚持早上五点半左右起床阅读写作的成果。每天上班之前，我已经读书写作两三个小时左右的时间了。

我早起的习惯固然是小时候父亲培养的，但是也与我自己刻意的人生规划有关。我知道，人与人的差异往往是业余时间造成的，我明白"早起的鸟儿有虫吃"。《我在人大这五年》这本书达130万字，我把自己参加人大每次的活动用手记的方式记录下来，把每次视察、调研都原生态地记录下来。这是全国人民代表大会制度60年以来的第一本全景式记录的书。如果自己没有这样一个谋划，就算每天起得早，也是很难做到的。

总之，有规划的人生正如有谋划的文章一样，目标清晰、路线明晰，才能少走弯路。这种规划越是主动、越是具体，你就越能够把握自己的人生，就像你写作时的谋篇布局一样。

第三，写作者为创作优秀的作品应该不断追求和坚持，只有坚持才能拥有水滴石穿的力量。

有些写作者幻想一夜成名天下知，一蹴而就登巅峰。有些写作者总是企图寻找捷径少费力，轻轻松松等灵感。更有写作者浅尝即止不努力，功亏一篑无所成。

其实，写作是一项艰苦的事业，是一项需要长期坚持的事业。

2002年，在新教育实验开始不久，我在教育在线网站发过一个"朱永新成功保险公司"的帖子，要求新教育教师坚持写作，每天用心记录自己的生活，记录自己与学生的交流，记录自己的阅读与思考。坚持10年，每天1,000字。我知道，行百里者半九十，大部分人是很难坚持的。结果，凡是来投保坚持写作的教师，根本不需要10年，一般3年左右就已经非常优秀了。许多人成为全国有影响力的名师。所以新教育人有一句话：行动就有收获，坚持才有奇迹。

大家今天获奖，是一个大大的成绩，也是一个小小的开始。未来的路还很长。写作最主要的目标不是成为作家，因为你们今后不可能每个人都成为作家。写作，是与自己的心灵对话，是真正思考的过程，最需要坚持。

在校学习期间，很多人都爱写作、爱阅读，都做过作家梦；但是一旦离开学校、走上工作岗位以后，许多人就不再写作不再阅读了。其实，写得精彩与活得精彩是相辅相成的。活得精彩才能写得精彩，写得精彩才能活得更精彩。坚持的力量是非常重要的。人生和写作一样，都需要坚持。

对于写作者来说，他写得最精彩的作品不是某一部用文字写出来的作品，而是他整个人，而是他自己。今天是一个写作的盛典，更应该是人生的一个新的起航。期待大家在写作的同时，能够用心成长为更好的自己，让我们每个人都成为一部最好的作品。

中国应该拥有自己的阅读节

　　2003年，我成为政协委员。在这一年的"两会"上，我正式提出建立国家阅读节的提案。2018年，我在两会上重提了这一提案，表达了把全民阅读提升为国家战略的建议，设立阅读节对我们普通的民众来说有什么意义呢？

　　阅读是一个民族涵养精神元气的根本所在，而拥有了属于自己国家的阅读节，对国人心理上最直接的影响就是国家开始重视全民阅读。这是一种唤醒的力量，唤醒麻木的灵魂；也是一种催生的力量，催生蛰伏的智慧；更是一种支撑的力量，支撑不倒的信仰。

　　节日的本质就是对应平常的日子，把日常生活中重要的部分提升为一种仪式。对阅读而言，设立国家阅读节是一种简便有效地扩大宣传、加强影响力、提高认识水平的做法。就像两会是中国人的政治春节一样，国家阅读节也应该成为中国人的精神春节。

除了推进设立阅读节之外，我也在积极继续推进阅读立法。为什么我们要用法治的力量保障阅读？中共十八届四中全会提出依法治国方略。我觉得做任何事情，都要有法可依，阅读也不例外。世界上许多国家都将推动全民阅读视为提升国家综合实力的核心手段之一，从国家战略高度出发，以政府立法形式推进全民阅读，如美国的《卓越阅读法案》，日本的《少年儿童读书活动推进法》，韩国的《阅读文化振兴法》等。对于多少人必须拥有一座图书馆这类细节，很多国家也是用立法来规定的。但在中国，在北京，首都图书馆、北京图书馆一到周末，挤得非常厉害，很多社区没有图书馆。我们亟须建设大量的文化中心、图书中心、阅读中心或社区图书馆。仅仅依靠呼吁是没有用的，必须立法。政府需要提供良好的阅读条件，给全民阅读提供一个支撑。立法，在很大意义上是规范政府在全民阅读中的作用、地位和责任。

法律是"硬文化"，文化是"软法律"。为阅读立法为"硬"，为阅读设节为"软"。"软""硬"兼施，互相助力，才能够从多角度、多侧面，强化公众对阅读的认可，在全社会营造更好的阅读氛围。

我的读书方法和反复读的书

　　不同的书有不同的阅读方法。一般的书，总要进行概要性的了解，有难度的还要打"外围战"，看别人的理解，通过自己的阅读验证别人的理解是不是正确。我经常会在书上做批注，经常带着问题去读书。新教育每年开一次大会，每年围绕不同的主题。如2021年的主题是书香校园建设，我就读了《书籍的历史》《书籍的世界》《什么是博雅教育》《脑与阅读》《心智与阅读》《多屏时代如何培养孩子的阅读能力？》《阅读的力量》《阅读是一辈子的事》《阅读的十个幸福》等数十种与阅读相关的著作。在阅读中，我要整合经典著作的教育思想、形成思维导图——不仅仅是系统阐述他们的思想，在一定程度上是"六经注我"。近十年来，我开启了个人的重读教育经典计划，每天早晨读著名教育家的著作，并且在个人微博上开设了《新父母晨诵》专栏，把其中对父母和教师有启发的观点与大家分享。先后读完了叶圣陶、陶行知、苏霍姆林斯基、蒙台梭利、杜威等教育家的著作，撰写了100万字左右的读书笔记。

不同的书，其时代背景不一样，学科背景不一样，阅读肯定可能会有难度。比如马克思的《资本论》、霍金的《时间简史》、教育家杜威的著作等，并不是能够轻轻松松阅读的。我虽然系统地把五卷本的《杜威教育文集》读完，还写了几十万字的读书笔记，但是能不能真正把握杜威教育思想的核心理念和精髓？我不敢说完全弄懂了。

在我的教育生涯中，有一些让我一读再读的书。如《论语》《学记》以及陶行知、叶圣陶的书。尤其是《论语》《学记》，从中国教育的角度来说，这两本书是源头活水，我读得多，读得细，一读再读。外国的如蒙台梭利、杜威、苏霍姆林斯基的书，也是放在身边一直在读。有些经典是绕不过去的。我们要知道它的重要性，要走进它、理解它、挑战它，另外，对待经典要肯下慢功夫，沉下心读，不能快速浏览。

读书的智慧与方法

　　书籍是人类创造的最伟大的东西。因为有了书籍，我们才有了真正的历史，我们才能把发生的一切记录下来，才能把那些伟大的思想和智慧记录下来，才能站在前人的肩膀上不断前行。否则，我们也只能像其他的动物一样，在自然中进化发展，但永远无法成为万物之灵。

朱子读书法

　　读书法往往是被古代教育史"遗忘"的一个角落。在各种中国教育思想史的论著中，很少有论及读书法的。但是，在教育活动中，读书具有十分重要的地位。20世纪20年代，马克思主义教育理论家杨贤江曾提出要研究读书法，并认为这是现代教育的必然要求。他指出："读书法研究的必要，就在看重读书这件事情，并且希望读书能有成效。作文有法，教授有法，难道读书可以无法？在从前被动的教育下面，学生一味听受师长的指挥，还可不讲读书法；但在现在自动的教育下面，学生应能用自力研究一切学问，所以读书法便成为有必要了。"（杨贤江：《论读书法》（一），载《学生杂志》，1926年第13卷第1号）

　　中国古代教育非常重视对学生的读书指导，尤其是宋代书院兴起以后，教育家们更注意引导学生自学书本知识（"六经"为主），并总结出一整套读书的方法。如朱熹就非常强调读书的作用，认为"为学之道，莫先于穷理；穷理之要，必在于读书"。（《性理精义》）"圣贤所以教人之法，具存于经。有志之士，固当熟读而问辨之"。（《白鹿洞书院学规》）正因为古代读书法往往是古代思想家、教育家自己读书治学的经验总结，是古代教育智慧的结晶，它毋庸置疑地应该在中国教育思想史上占有一席之地。中国台湾学者韦政通在《中国的智慧：中西方伟大观念比较》一书中已把古代的读书方法作为专门的问题加以论述。

读书法的纲领，也可以说是读书的基本原则。宋代朱熹对此论述最详。在《孟子集注》中，他就明确指出："事必有法，然后可成。师舍是则无以教，弟子舍是则无以学。曲艺且然，况圣人之道乎？"他认为任何事都有一定的方法，教有教法，学有学法，离开了具体的方法，教师则"无以教"，学生则"无以学"，终将一事无成。

在总结前人的读书经验和自己长期艰苦治学实践的基础上，朱熹提出了若干颇有见地的读书方法。在他死后不久，弟子门人就编成了《朱子读书法》。据元初著名学者程端礼的《程氏家塾读书分年日程》记载，朱熹"门人与私淑之徒，会萃朱子平日之训，而节取其要，定为读书法六条：曰循序渐进，曰熟读精思，曰虚心涵泳，曰切己体察，曰著紧用力，曰居敬持志"。这六条读书法影响很大，已成为古代读书法的纲领或原则，为后世学者奉为圭臬。现逐一加以分析评述。

1.循序渐进

循序渐进是一条教学原则，也是读书法的纲领之一，是指读书要按照书本的逻辑体系和学习者的水平有系统、有步骤地来进行。朱熹举了一个例子加以说明："譬如登山，人多要至高处，不知自低处不理会，终无至高处之理。"（《朱子语类》卷八）

读书为什么要循序渐进？朱熹说：

> 大抵近世言道学者失于太高，读书讲义，率常以径易超绝，不历阶梯为快，而于其间曲折精微正好玩索处，例皆忽略厌弃，以为卑近琐屑，不足留情……（《晦庵先生朱文公文集·答汪尚书》）

他认为，上述"自低处不理会""以径易超绝，不历阶梯为快"的读书方法是为学之大患、"误人底深坑"（《朱子语类》卷十）。所以，朱熹赞同孔子提出的"欲速则不达"和《学记》主张的"学不躐等"的读书方法，认为只有踏踏实实、循序渐进地自低向高攀登，才能登上高峰。

读书怎样循序渐进？朱熹说：

> 以二书言之，则先《论》而后《孟》，通一书而后及一书。以一书言之，则其篇章句字，首尾次第，亦各有序而不可乱也。量力所至，约其课程而谨守之，字求其训，句索其旨，未得乎前，则不敢求乎后；未通乎此，则不敢志乎彼。（《朱子读书法》卷一）

朱熹所说的循序渐进，主要有三层意思：一是指读书时要注意新旧知识的前后联系，打好基础，"盈科而后进"。例如，《论语》和《孟子》二书，只有掌握了《论语》，才能进而读《孟子》。二是指读书要量力而行，不要超越自己的已有知识水平和智能发展水平，"如射弓，有五斗力，且用四斗弓，便可挽满，己力欺得他过。今学者不忖自己力量去观书，恐自家照管他不过"（《朱子语类》卷十）。三是指要加强复习，巩固其所学。朱熹反对那种"只要去看明日未读底，不曾去细绎前日已读底"的读书方法，他在答张敬夫的信中明确指出："学而不习，则虽知其理，能其事，然亦生涩危殆而不能以自安；习而不时，虽曰习之，而其功夫间断，一暴十寒，终不足以成其习之功矣。"（《晦庵先生朱文公文集·答张元德》）认为只有学而时习，温故知新，不断强化，才能巩固所掌握的东西。

2.熟读精思

熟读精思，就是指读书时要把记忆与思维结合起来。根据朱熹的解释，熟读就是要"使一书通透烂熟，都无记不起处"，"使其言皆若出于吾之口"；精思，就是要"反复玩味"，"使其意皆若出于吾之心"。可见，熟读精思的论述比孔子"学而不思则罔，思而不学则殆"的命题更加具体而深入了。

读书为什么要熟读精思？朱熹说：

> 学者须是熟。熟时，一唤便唤在目前；不熟时，须着旋思索。到思索得来，意思已不如初了。（《朱子语类》卷八）

> 大凡读书，须是熟读。熟读了，自精熟；精熟后，理自见得。如吃果子一般，劈头方咬开，未见滋味，便吃了。须是细嚼教烂，则滋味自出，方始识得这个是甜是苦是甘是辛，始为知味。（《朱子语

类》卷十）

在他看来，只有熟读，才能记得牢，"一唤便在目前"。只有记得牢，才能思得精，领会所学的东西。如果不熟读精思，则等于囫囵吞枣，食而不知其味，有害而无益。朱熹所说的熟读不是为了贮存、保有知识，而是为了提取、应用知识，是为思维服务的。这是他高出一筹的见解。他认为，有些人读书之所以收效不大，关键是缺乏熟读精思的功夫。他说：

> 学者观书，先须读得正文，记得注解，成诵精熟。注中训释文意、事物、名义，发明经指，相穿纽处，一一认得，如自己做出来底一般，方能玩味反覆，向上有通透处。若不如此，只是虚设议论，如举止一般，非为己之学也。（《朱子语类》卷十一）

朱熹还进一步论述了读书过程中熟读（记忆）与精思（思维）的辩证关系：

> 读诵者，所以助其思量，常教此心在上面流转。若只是口里读，心里不思量，看如何也记不仔

细。(《朱子语类》卷十）

> 读了又思，思了又读，自然有意。若读而不思，又不知其意味；思而不读，纵使晓得，终是虚脆不安。一似借得人来守屋相似，不是自家人，终不属自家使唤。若读得熟，而又思得精，自然心与理一，永远不忘。(《朱子语类》卷十）

他认为，熟读（记忆）是精思（思维）的基础，所以说记忆能"助其思量"，精思又是熟读的条件，所以又说不思则"记不起"。记忆与思维协同工作，在记忆的基础上思维，在理解的参与下记忆，才能达到"心与理一，永远不忘"的境地。这比西方学习理论中的联结派或认知派只强调记忆或思维的一个方面，无疑要深刻合理一些。

怎样熟读？朱熹认为，首先要做到读书的心、眼、口"三到"。他说："余尝谓读书有三到：谓心到、眼到、口到。心不在此，则眼看不仔细，心眼既不专一，却只漫浪诵读，决不能记。记，亦不能久也。"(《五种遗规·朱子童蒙须知·读书写文字第四》) 这是说，读书时必须"心到"，调动思维的积极性，把心放到书上，把书装到心里；必须"眼到"，凝神细看；必须

"口到"，即朗读所看内容。其中"心到"是基础，但不可偏废。后来近代学者胡适又在此基础上提出了"手到"，合称为"四到"。其次，要求反复阅读。朱熹说："正看背看，左看右看"，"莫说道见得了便休，而今看一千遍，见得又别；看一万遍，看得又别"。（《朱子语类》卷十）"百遍时，自是强五十遍。二百遍时，自是强一百遍"。（《五种遗规·朱子读书法》）强调熟读固然是有其合理内核，但过分强调则未免失于机械呆板了。

怎样精思？朱熹认为关键在于善于提出问题和解决问题。他说："读书无疑者，须教有疑；有疑者，却要无疑，到这里方是长进。"（《朱子语类》卷十一）可见读书也要经过无疑—有疑—无疑的过程。怎样从无疑到有疑？朱熹认为，有疑并非凭空杜撰疑问，从无疑到有疑的唯一途径是下苦功夫，"人须做功夫，方有疑"（《朱子语类》卷九）。又怎样从有疑到无疑？朱熹提出了两种方法：第一是"自诘难"，即检查一下自己的疑问是否有根据。他说："人之病，只知他人之说可疑，而不知己说之可疑。试以诘难他人者以自诘难，庶几自见得失。"（《朱子语类》卷十一）第二是"以众说互相诘难"。朱熹说："凡看文字，诸家说有异同处，最可观。谓如甲说如此，且挦扯住甲，穷尽其词；乙说如此，且挦扯住乙，穷尽其词。两家之说既尽，又参考而穷究之，必有一真是者出矣。"（《朱子语类》卷十一）这里指出，对待不同的理论，要先弄清对方的论点，再加以研究思考，比较双方的异同和是非，最后提出自己的见解。朱熹把问题作为精思的核心，并且提出攫去疑窦的有效方法，这还是颇有见地的。

3.虚心涵泳

虚心涵泳，就是指读书要虚怀若谷、静心思虑、仔细认真，反复研磨与体会书中的旨趣。朱熹曾说：

读书之法无他，唯是笃志虚心，反复详玩为有功耳。（《晦庵先生朱文公文集·答李守约》）

读书为什么要虚心涵泳？朱熹说：

读书须是虚心方得。（《朱子语类》卷一百四）

穷理以虚心静虑为本。（《朱子语类》卷九）

读书须当涵泳，只要仔细寻绎，令胸中有所得。（《朱子语类》卷一百一十六）

朱熹认为，读书要在虚心静虑、沉潜玩索、认真研磨的情况下，才能使"胸中有所得"，"见得道理明"（《朱子语类》卷十一）。可见，虚心涵泳是读书治学的一个重要心理条件。

读书怎样做到虚心涵泳？朱熹提出了以下五条意见。

第一，读书不要先立说。朱熹说："凡看书，须虚心看，不要先立说。看一段有下落了，然后又看一段。须如人受词讼，听其说尽，然后方可决断。"（《朱子语类》卷十一）他认为，如果先有一个看法或框框，那就不可能领会书中的真意。朱熹批评了当时某些学者读书时主观揣测、先立己说的不良学风，指出："今人观书，先自立了意后方观，尽率古人语言入做自家意思中来。如此，只是推广得自家意思，如何见得古人意思！"（《朱子语类》卷十一）他认为，只有在尊重原著、探究真意的情况下才能有所收获。

第二，读书不得有自足心。朱熹反对那种夸夸其谈、盛气凌人的读书风气。他说："学者先要不得有自足心，此至论也。"（《晦庵先生朱文公文集·答胡季随》）他认为读书有"骄"与"吝"两大忌，"骄吝是挟其所有，以夸其所无。挟其所有是吝，夸其所无是骄"（《朱子语类》卷三十五）。可见，骄，实质上是自满自足，装腔作势，盛气凌人；吝，则是自以为是，垄断知识，不示以人。具有这两种消极品质的人，就不可能虚怀若谷地读书学习了。

第三，读书不能穿凿附会。朱熹批评当时的学者"今人读书，多是心下先有个意思了，却将圣贤言语来凑他底意思。其有不合，便穿凿之使合"(《学规类编》卷七)。他认为，这种"苦寻支蔓，旁穿孔穴"、胡乱附会的读书方法只能使人误入歧途，毫无进步。所以他又说："近见学者，多是卒然穿凿，便为定论，或即信所传闻，不复稽考。所以日诵圣贤之书而不识圣贤之意，其所诵说，只依据自家见识杜撰成耳，如此岂复有长进？"(《学规类编》卷四)

第四，读书不可先责效。朱熹说："读书看义理，须是胸次放开，磊落明快，恁地去。第一不可先责效。"(《朱子语类》卷十)他认为，在不了解读书内容的情况下，不应主观地确定要求和应达到的效果。如果这样做，"才责效，便有忧愁底意"，从而欲速不达，反而没有成效。

第五，读书不应心粗性急。朱熹说："读书须痛下功夫，须要细看，心粗性急，终不济事。"(《朱子语类》卷十九)古今中外的读书经验都证明，粗心马虎、急躁冒进是读书的敌人，只有安下心来，认真钻研，才能取得良好的读书效果。

4.切己体察

切己体察，就是指读书要依靠自己的努力，重视书外的功夫，把读书与自己的生活体验等结合起来。朱熹说：

> 入道之门，是将自身入那道理中去，渐渐相亲，与己为一。而今人道在这里，自家在外，元不相干。学者读书，须要将圣贤言语，体之于身。（《学规类编》卷七）

他认为，读书不能只是"随文逐义，赶趁期限，不见悦处"，也不能满足于表面字义的知晓，而应将书中的道理反复体验，究其深义。

读书为什么要切己体察？朱熹说：

> 人之为学，也是难，若不从文字上做工夫，又茫然不知下手处；若是字字而求，句句而论，不于身心上著切体认，则又无所益。（《朱子语类》卷十九）

> 读书，不可只专就纸上求理义，须反来就自家

身上推究。秦汉以后无人说到此，亦只是一向去书
册上求，不就自家身上理会。自家见未到，圣人先
说在那里。自家只借他言语来就身上推究，始得。
（《朱子语类》卷十一）

他认为，读书如果停滞于文字上做功夫，纸上求理义，
而不联系自己的实际反躬自求，著切体认，则既无所得
又无所益。当然，朱熹所说的体验，主要是对伦理道德
的体验，这是我们所应该摒弃的。

读书怎样进行切己体察？朱熹提出了三点颇有价值
的主张。

一是自求自得。朱熹认为，读书不能依靠别人，"师
友之功，但能示之于始而正之于终尔。若中间三十分工
夫，自用吃力去做。"（《朱子语类》卷八）意思是说，
读书固然离不开师友的帮助，但师友的作用也是有限
的，主要是在读书开始时，指出正确的途径和方法；告
一段落时，指出理解得是否正确。朱熹曾经对他的学生
说："某此间讲说时少，践履时多，事事都用你自去理
会，自去体察，自去涵养。书用你自去读，道理用你自
去究索。某只是做得个引路底人，做得个证明底人，有
疑难处同商量而已。"（《朱子语类》卷十三）

二是着身体认。朱熹反对仅仅"去书册上求，不就自家身上理会"的读书方法，他深有感触地说："今人读书，多不就切己上体察，但于纸上看，文义上说得去便了。如此，济得甚事！"（《朱子语类》卷十一）他还指出，读书只有"从容乎句读文义之间，而体验于操存践履之实，然后心静理明，渐见意味"（《朱子语类》卷三）。否则，即使"广求博取，日诵五车"（《学规类编》卷四），也无益于学。所以，只有在求通文意的同时，努力结合自己的实际情况，才能使读书的针对性更强。

三是自信不疑。朱熹说："看人文字，不可随声迁就。我见得是处，方可信。须沉潜玩绎，方有见处。不然，人说沙可做饭，我也说沙可做饭，如何可吃？"（《朱子语类》卷十一）他认为，读书治学应该反对人云亦云、毫无主见的态度，否则就会成为可怜的应声虫，一无所成。

5.著紧用力

著紧用力，就是指读书要有顽强不懈的意志，抖擞精神，下苦功夫，花大力气。朱熹曾描述过著紧用力的境界：

宽著期限，紧著课程。为学要刚毅果决，悠悠不济事。且如"发愤忘食，乐以忘忧"，是甚么精神，甚么筋骨！（《五种遗规·朱子读书法》）

读书为什么要著紧用力？马克思在《资本论》法文版序言中说："在科学上没有平坦的大道，只有不畏劳苦沿着陡峭山路攀登的人，才有希望达到光辉的顶点。"（《马克思恩格斯全集》第44卷，24页，人民出版社，2001）这也是对读书治学为什么要著紧用力的深刻说明。朱熹也有一段形象的文字：

为学极要求把篙处着力。到工夫要断绝处，又更增工夫，着力不放令倒，方是向进处。为学正如上水船，方平稳处，尽行不妨，及到滩脊急流之中，舟人来这上一篙，不可放缓，直须着力撑上，不一步不紧。放退一步，则此船不得上矣。（《朱子语类》卷八）

逆水行舟，不进则退。朱熹认为，读书治学就像行上水船一样，倘不用气力，则前功尽弃，半途而废。

读书怎么样著紧用力？朱熹有一段颇有心理学意义

的说明：

> 读书，须是知贯通处。……只认下着头去做，莫要思前算后，自有至处。而今说已前不曾做得，又怕迟晚，又怕做不及，又怕那个难，又怕性格迟钝，又怕记不起，都是闲说。只认下着头去做，莫问迟速，少间自有至处……莫要瞻前顾后，思量东西。少间担阁一生，不知年岁之老！（《朱子语类》卷十）

他鼓励人们埋头读书，要求人们不要瞻前顾后，怕这畏那，犹豫彷徨。认为不论人的素质如何，学习都要下苦功夫：

> 大抵为学，虽有聪明之资，必须做迟钝工夫始得；既是迟钝之资，却做聪明底样工夫，如何得？（《朱子语类》卷八）

聪明的人要下苦功夫才能有收获，何况迟钝的人？所以，朱熹要人们树立信心，根基浅、起步迟、性格迟钝、记忆力差等，都不能成为学习上的拦路虎。只有

"策励此心，勇猛奋发，拔出心肝与他去做。如两边擂起战鼓，莫问前头如何，只认卷将去，如此，方做得工夫"（《朱子语类》卷八）。

著紧用力，还要求人们以"刚毅果决"的精神读书，反对疲疲沓沓、松松垮垮、心猿意马的读书态度。朱熹说："看文字，须是如猛将用兵，直是鏖战一阵；如酷吏治狱，直是推勘到底，决是不恕他，方得。"（《朱子语类》卷十）这就是说，读书时应保持兴奋紧张的状态，以全副身心、全部精力投入，"使饥忘食，渴忘饮"，做到"一棒一条痕，一掴一掌血"，步步落实，一往直前。

6.居敬持志

居敬持志，就是指读书要有专静纯一的心境和坚定久远的志向。"方无事时，敬于自持；凡心不可放入无何有之乡，须是收敛在此。及应事时，敬于应事；读书时，敬于读书，便自然该贯动静，心无时不存。"（《朱子语类》卷一百二十）

读书为什么要居敬持志？朱熹说：

敬是守门户之人。（《朱子语类》卷九）

敬之一字，乃学之纲领。（《晦庵先生朱文公文

集·答孙敬甫三》)

　　为学在立志，不干气禀强弱事。(《朱子语类》
卷八)

　　人之为事，必先立志以为本，志不立则不能为
得事。(《朱子语类》卷十八)

　　朱熹把"敬"看作"守门户之人"，这在一定程度
上同现代心理学所说的注意相似。俄国著名教育家乌申
斯基说过："注意是一个唯一的门户，只有经过这门户，
外在世界的印象，或者较为挨近的神经机体的状况，才
能在心里引起感觉来。"(乌申斯基:《人是教育的对
象》第1卷，李子卓等译)我国心理学家燕国材教授也
认为，注意是智力活动的组织者和维持者，人们的一切
智力活动，都必须在注意的参与下才能顺利而有效地发
生、发展和形成。(燕国材编著:《智力与学习》)"志"
是什么呢? 朱熹说是"心之所之谓之志"(《朱子语类》
卷五)。按照他晚年的高足陈淳的解释："志，犹向也。"
例如志于道，是心全向于道。志于学，是心全向于学。
"一直去求讨要，必得这个物事，便是志。"(陈淳撰:
《四书性理字义》上卷)可见，"志"同现代心理学所
说的志向、动机也有相似之处。注意和志向这两个因素

是学习心理的重要内容，朱熹不仅对这两个因素高度重视，认为这两个心理因素比人的其他素质更为重要，是"圣门第一义"，而且把它们联系起来研究，认为居敬是纲，持志是本，在整个读书治学的活动中处于最重要的地位，这是颇有见地的。读书怎样居敬持志？朱熹说：

> 读书须收敛此心。这便是敬。（张伯行辑：《朱子语类辑略》）
>
> 读书须将心贴在书册上，逐句逐字，各有着落，方始好商量。大凡学者须是收拾此心，令专静纯一。日用动静间，都无驰走散乱，方始看得文字精审。如此，方是有本领。（《朱子语类》卷十一）
>
> 持敬之说，不必多言，但熟味"整齐严肃""严威俨恪""动容貌，整思虑""正衣冠，尊瞻视"此等数语，而实加工焉……（《朱子语类》卷十二）
>
> 志乎此，则念念在此而为之不厌矣。（《四书经注集证》论语卷一）

朱熹认为，居敬持志与佛教禅宗的"块然兀坐，耳无所闻，目无所见，心无所思"（《朱子语类》卷十二）不同，它是身心收敛，念念在此，"耸起精神，竖起筋骨"

（《朱子语类》卷十），"内无妄思，外无妄动"（《朱子语类》卷十二）。居敬持志，关键是立志要大，要"高出事物之表"（《朱子语类》卷十八），要"办得坚固心，一味向前"（《朱子语类》卷一百一十六）；居敬要诚，要"常存于事物之中"（《朱子语类》卷十九）。在朱熹看来，居敬是持志的前提条件："虽能立志，苟不能居敬以持之，此心亦泛然而无主，悠悠终日，亦只是虚言。"（《朱子语类》卷十八）关于居敬的具体做法，朱熹认为是要做好充分的物质与心理准备，收拾散乱之心，使之专静纯一。如果不能集中注意，纵然读书看字，也不过是做而无功，枉费了时间和气力，还不如待注意力集中时再去读书。朱熹所提出的读书法不仅成为古代读书法的纲领，在今天看来仍是极有价值而又足资借鉴的，是中国古代教育理论的一份宝贵遗产。

提要钩玄法

　　提要钩玄法是唐代教育家韩愈在《进学解》中明确提出的：

　　　　……口不绝吟于六艺之文，手不停披于百家之编；记事者必提其要，纂言者必钩其玄；贪多务得，细大不捐；焚膏油以继晷，恒兀兀以穷年。

　　按照韩愈的这个方法，读书就必须首先将所读之书进行分类，然后根据性质、类别的不同而采用不同的方法。在读那些记事性质的历史书籍时，必须能提纲挈领地将书中的内容抽出来；在读那些纂言性质的理论书籍时，必须能探取其深奥的观点。可见提要钩玄法的关键在于读书要抓住重点，汲取精华。

　　在运用提要钩玄法时，勤动手是操作的要诀。清代学者李光地在评论韩愈的读书法时就说过：

……其要诀却在"纪事""纂言"两句。凡书，目过口过，总不如手过，盖手动则心必随之，虽览诵二十遍不如钞撮一次之功多也。况必提其要，则阅事不容不详；必钩其玄，则思理不容不精。若此中更能考究同异，剖断是非，而自纪所疑，附以辩论，则濬知愈深，著心愈牢矣。（李光地：《榕村集》，转引自周永年辑：《先正读书诀》）

这里不仅说明了提要钩玄的"手动"远较览诵读书效率要高，而且指出了"手动"本身就是对读书的直接促进。因为在"提其要""钩其玄"的压力之下，"阅事不容不详"，"思理不容不精"，否则就无法完成提要钩玄的任务。

八面受敌法

八面受敌法是宋代文豪苏轼总结出来的一种读书方法。所谓"八面受敌",源出于《孙子兵法》"我专而敌分"的提法,即当部队在"八面受敌"的危机情况下,应集中优势兵力,各个击破敌人;要"以众击寡",而不能以寡迎众,八面出击,分散兵力。苏轼从孙子的用兵法悟出了八面受敌的读书法。他说:

少年应科目时,记录名数沿革及题目等,大略与近岁应举者同尔。……实无捷径必得之术。但如君高材强力,积学数年,自有可得之道,而其实皆命也。但卑意欲少年为学者,每一书,皆作数过尽之。书富如入海,百货皆有之,人之精力,不能兼收尽取,但得其所欲求者耳。故愿学者,每次作一意求之。如欲求古人兴亡治乱圣贤作用,但作此意求之,勿生余念。又别作一次求事迹故实典章文物之类，亦如之。他皆仿此，此虽迂钝，而他日学成，八面受敌，与涉猎者不可同日而语也。甚非速化之术，可笑！可笑！（《苏东坡文集·又答王庠书》）

在苏轼看来，书海无涯，内容丰富，无所不包。即使一本书，涉及面也十分之广。所以，读书时只能"每次作一意求之"，集中于某一个问题。比如想知道古今兴亡治乱与圣贤的关系，就只能抓住这个问题专心研究，不要同时考虑其他问题，如事迹、故实、典章、文物等。这样，才能一步一个脚印，踏踏实实地取得成效。

板桥六有法

板桥读书法是清代诗画家郑燮提出来的一套读书方法。他不仅有诗、书、画三绝，对于读书法也有精辟独到的见解。

一是有记有忘。有人认为，郑板桥之所以能诗书画皆旷世独立，自成一家，是因为他颖悟善记，具有优异的记忆力。他却不以为然地说：

> 板桥生平最不喜人过目不忘，而《四书》《五经》自家又未尝时刻而稍忘。无他，当忘者不容不忘；不当忘者，不容不不忘耳。(《郑板桥全集·四书手读序》)

他认为，读书并不是要做到过目不忘，而是应该记住那些需要记住的东西，而忘却那些不需要记住的东西。

不错，郑板桥是有良好的记忆能力，曾与人比赛背诵经书，结果"日默三五纸，或一二纸，或七八十余纸，或兴之所至，间可三二十纸，不两月而竣工。虽字有真草讹减之不齐，而语句之间，实无毫厘错谬"（《郑板桥全集·四书手读序》）。但他的记忆秘诀却正是"有记有忘"的读书法。他认为，如果记住那些不值得记的东西，就只是"如破烂厨柜，臭油坏酱悉贮其中，其龌龊亦耐不得"（《郑板桥全集·潍县署中与舍弟墨第一书》）。这个结论与现代心理学的研究成果颇有暗合之处。记忆心理学家们认为，记忆与遗忘是辩证统一的关系，遗忘并不一定都是消极的，只有主动地忘掉一些东西（从信息论的角度是去除噪声），才能有效地记住一些东西（有用的信息）。如果只有记忆，没有遗忘，人们所看到、听到的一切就会充塞大脑，记忆的宝库就会堆满废物，思维和想象就难以展翅翱翔。因此，板桥"有记有忘"的读书法是有科学依据的。

二是有学有问。郑板桥认为，读书要深思多问，有学有问，才能卓有成效。读而不思，学而不问，只能是两手空空，一无所得。他说：

"学问"二字，须要拆开看。学是学，问是问。今人有学而无问，虽读书万卷，只是一条钝汉尔。

琼崖主人读书好问，一问不得，不妨再三问，问一人不得，不妨问数十人，要使疑窦释然，精理迸露。故其落笔晶明洞彻，如观火观水也。（《郑板桥全集·题随猎诗草、花间堂诗草》）

板桥继承古代重视质疑审问的读书传统，又深究"学问"的内在含义，认为如果没有"问"的功夫，读书再多也"只是一条钝汉"。因此，他主张穷究深问，问而不得再复问。现代读书法的研究已屡加证明，只有一手抓问题，一手找答案，才能使读书具有主动性、准备性和批评性；只有善于提出问题，擢去疑窦，才能获得新知，这可以说是读书法的一条金科玉律。

三是有学有抛。郑板桥认为，读书要有创造性，要有所选择，有学有抛，独树一帜。在绘画中，他也遵循这一方法，如曾学画师石涛等人的兰、竹画，但并不照抄照搬，全然摹仿，而是有学有抛，自探灵苗。

读书为什么要有学有抛？他认为原因有二：第一，读书是为了驾驭知识，如果没有驾驭知识的能力，读书再多也只能像暴富者不会使用金钱一样，茫然不知所措。他说："读书数万卷，胸中无适主，便如暴富儿，颇为用钱苦。"（《郑板桥全集·赠国子学正侯嘉弟》）所以，只有驾驭知识，才能达到"不为古所累，气与意相辅。洒洒如贯珠，斩斩入规矩"的境界。第二，读书是为了创造，而不是萧规曹随，亦步亦趋。他说："学一半，撇一半，未尝全学。非不欲全，实不能全，亦不必全也。诗曰：十分学七要抛三，各有灵苗各自探。当面石涛还不学，何能万里学云南？"（《郑板桥全集·题画·兰》）在此基础上，他主张对于读书内容要少而精地慎加选择。他说：

> 即如《史记》百三十篇中，以《项羽本纪》为最，而《项羽本纪》中，又以钜鹿之战、鸿门之宴、垓下之会为最。反覆诵观，可欣可泣，在此数段耳。若一部《史记》，篇篇都读，字字都记，岂非没分晓的钝汉！（《郑板桥全集·潍县署中与舍弟墨第一书》）

又举例说：

> 《五经》、《廿一史》、《藏》十二部，句句都读，便是呆子。汉、魏、六朝、三唐、两宋诗人，家家都学，便是蠢才。（《郑板桥全集·题随猎诗草、花

间堂诗草》)

在读书问题上，郑板桥还强调精神专一，力戒浮夸；强调选择良好的读书环境，"翻阅于明窗净几之间，此亦天地间一大快事也"（《郑板桥全集·集唐诗序》）；强调"钻其穴，剖其精，抉其髓"，领略书之精义等。

精熟一书法

精熟一书法是清代学者李光地提出来的，他写道：

　　读书要有记性，记性难强，某谓要练记性，须用精熟一部书之法。不拘大书小书，能将这部烂熟，字字解得道理透明，诸家说俱能辨其是非高下，此一部便是根，可以触悟他书。如领兵十万，一样看待，便不得一兵之力；如交朋友，全无亲疏厚薄，便不得一友之助，领兵必有几百亲兵死士，交友必有一二意气肝胆，便此外皆可得用。何也？我所亲者，又有所亲，因类相感，无不通彻。只是这部书，却要实是纯粹无疵，有体有用之书方可。倘熟一部没要紧的书，便没用。如领兵，却亲待一伙极作奸犯科的兵；交友，却结交一班无赖的友，如何联属得来？（《榕村语录》卷二十四）

李光地认为，精读一部书的方法不仅有利于锻炼记忆力，也是"触悟"领会其他书籍的基础。对于精读的这部书，一定要选择好，必须是能有利于打好基础、触类旁通的书。在阅读时要认真仔细，"字字解得道理透明，诸家说俱能辨其是非高下"。这样，精熟了一本书，就可作为做学问的"根"，以此为基础就可收滚雪球之效，获得更多的知识。

连号读书法

连号读书法是清代邢懋循的老师提出来的一种读书方法，王筠《教童子法》有简单的介绍：

> 邢懋循常言，其师教之读书，用连号法。初日诵一纸，次日又诵一纸，并初日所诵诵之，三日又并初日次日所诵诵之。如是渐增。引至十一日，乃除去初日所诵。每日皆连诵十号，诵至一周，遂成十周。人即中下，亦无不烂熟矣。

这实际是一种记忆所读之书的方法，非常类似于现代的循环记忆法。其具体做法是：第一天诵读一段材料；第二天重读第一天所读材料并增读一段新材料；第三天重读第一、二两天所诵材料，再增读一段新材料；以此类推，直到第十一天，即减去第一天所读材料，只重读第二天至第十天所读的九段材料，再增读一段新材料；第十二天则再减去第二天所读材料，只重读第三天至第十一天所读的材料，并再增读一段新材料，以此类推，但每日须保持诵读十段材料。如此循环诵读，使每段材料均连诵十遍，即使素质一般的人也能烂熟于心。

约取实得法

约取实得法是明末清初文学家叶奕绳提出来的一种读书方法。清代学者张尔岐在《蒿庵闲话》（卷二）中记载了这一读书法：

> 历城叶奕绳尝言强记之法云："某性甚钝，每读一书，遇意所喜好，即札录之。录讫，乃朗诵十余遍，粘之壁间。每日必十余段，少亦六七段，掩卷即就壁间观所粘录，日三五次，以为常，务期精熟，一字不遗。粘壁既满，乃取第一日所粘者收笥中，俟再读有所录，补粘其处。随收随补，岁无旷日，一年之内，约得三千段。数年之后，腹笥渐富。每见务为泛览者，略得影响而止，稍经时日，便成枵腹，不如予之约取而实得也。"

约取实得读书法反对浮光掠影、过目即忘的读书习惯，强调少量吸收，持之以恒。其具体做法是：每读一本书，凡是自己喜欢的篇章、段落或是格言、警句，就用纸把它抄录下来，认真诵读十余遍，然后一张一张地贴在墙上，每天多则十余段，少则六七段。每当做事累了，需要休息片刻的时候，就在屋内边来回踱步，边读墙上的纸片，每天要读三五次。直到读得烂熟，四壁粘满，再将过去所贴的取下收藏，而把当日新抄的贴上去，填补空白。这样随取随补，一年就可积累三千多段精彩的文字。数年之后积累的东西就非常可观了。叶奕绳正是依靠这种约取实得法成了一名学识渊博、文采横溢的著名戏曲家。

圈抹读书法

圈抹读书法是清代学者王筠在《教童子法》一书中提出来的，主要是主张在阅读过程中既动脑，又动手，从而加深理解，巩固记忆。他写道：

> 入学后，每科必买直省乡墨，篇篇皆使学子圈之抹之，乃是切实工夫。工夫有进步，不妨圈其所抹，抹其所圈，不是圈他抹他，乃是圈我抹我也。即读经书，一有所见，即写之书眉，以便他日涂改。若所读书都是干干净净，绝无一字，可知是不用心也。

圈抹读书法有两层意思，一是阅读某篇材料时，应根据自己的理解和看法，把那些认为精彩的部分画些圈圈，而把那些认为不佳的部分画掉抹去；随着学习的进步，可能原先被圈点肯定的部分会认为应该抹掉，而原先被抹掉否定的部分却会被加上圈点。如此"圈其所抹，抹其所圈"，每圈抹一次，就会使学习长进一番。这就是所谓的"切实工夫"。二是在所阅读的材料上做标记、写眉批、做评注。这些标记、眉批、评注也可以涂涂改改、圈圈抹抹，不要"一劳永逸"。如果读了某本书后，书上仍然是"干干净净，绝无一字"，倒是"不用心"的一种表现。

出书入书法

出书入书法是宋代学者陈善提出来的一种读书方法。他写道:

> 读书须知出入法,始当求所以入,终当求所以出。见得亲切,此是入书法;用得透脱,此是出书法。盖不能入得书,则不知古人用心处;不能出得书,则又死在言下。惟知出知入,乃尽读书之法。(《扪虱新话》卷四)

出书入书法实际上说的是读书的两个环节,第一个环节是"入书",要求阅读时要"见得亲切",认真琢磨书中的精义;第二个环节是"出书",即阅读不能成为书本的奴隶,"死在言下",而应"用得透脱",把从书本上学来的东西应用到实际生活中去。清代陆陇其进一步发展了出书入书的读书法,提出了读书与做人合一的观点。他说：

> 读书做人，不是两件事。将所读之书，句句体贴到自己身上来，便是做人的法，如此方叫得能读书；人若不将来身上理会，则读书自读书，做人自做人，只算做不曾读书的人。(《三鱼堂文集》卷六,《示大儿定征》)

也就是说，"见得亲切"（读书）与"用得透脱"（做人）本来是统一的过程，将所读之书"句句体贴到自己身上"，这就是做人的方法，也是真正的读书。

读书有"五贵"

中国古代教育家关于读书法的论述，倡导"五贵"精神，特别值得关注。

1.读书贵疑

孟子最早提出了读书贵疑，尽信书不如无书的观点。他说：

> 尽信《书》，则不如无《书》。吾于《武成》，取二三策而已矣。仁人无敌于天下，以至仁伐至不仁，而何其血之流杵也？（《孟子·尽心下》）

孟子用周武王伐纣的例子，来质疑《尚书》描写的真实性，并提出了对书不能过分依赖轻信的观点。汉代王充进一步发展了孟子的观点，他写道：

> 世信虚妄之书，以为载于竹帛上者，皆贤圣所

传，无不然之事，故信而是之，讽而读之。睹真是之传，与虚妄之书相违，则并谓短书不可信用。夫幽冥之实尚可知，沉隐之情尚可定，显文露书，是非易见，笔忽并传，非实事，用精不专，无思于事也。(《论衡·书虚》)

用现代的话来说，印成铅字的东西不一定都是真理，并不都可"信而是之，讽而读之"。读任何书都必须经过自己的思考，用精且专，是非自见。

宋代张载对此也有精辟见解。他说：

读书少，则无由考校得义精。盖书以维持此心，一时放下，则一时德性有懈。读书则此心常在，不读书则终看义理不见。

书须成诵，精思多在夜中，或静坐得之。不记则思不起，但通贯得大原后，书亦易记。所以观书者，释己之疑，明己之未达，每见每知所益，则学进矣，于不疑处有疑，方是进矣。(《张载集·经学理窟·义理》)

他认为，读书的关键是"于不疑处有疑"，而目的则是

"释己之疑"。所以，必须处理好读书过程中记忆与思维的辩证关系，以达到"学进"的境地。

陆九渊则进一步发挥了孟子的观点，并提出了疑的方法。他说：

> 昔人之书不可以不信，亦不可以必信，顾于理
> 如何耳。(《陆九渊集》卷三十二，《拾遗》)

他认为，判断书本知识是否可信的标准是"理"，无论书之所言是关于理或事，都可以用鉴别真伪的"理"来加以衡量。

2.读书贵精

八面受敌法、约取实得法等都是重视读书贵精的方法，这里再录两段。一是宋代朱熹提出来的，他说：

> 宁详毋略，宁下毋高，宁拙毋巧，宁近毋远。
> (《朱子语类》卷十)

二是清代纪昀提出来的，他说：

> 满腹皆书，能害事；腹中竟无一书，也能害

事。(《阅微草堂笔记》)

这都是主张读书贵在求精，要循序渐进，不要贪多求速。

3.读书贵熟

古代教育家都重视熟读的作用，尤其重视诵记熟读对于初学者的意义。如张载说：

> 经籍亦须记得，虽有舜禹之智，吟而不言，不如聋盲之指麾。故记得便说得，说得便行得，故始学亦不可无诵记。(《张载集·经学理窟·义理》)

> 书多阅而好忘者，只为理未精耳，理精则须记了无去处也。仲尼一以贯之，盖只着一义理都贯却。学者但养心识明静，自然可见，死生存亡皆知所从来，胸中莹然无疑，止此理尔。(《张载集·经学理窟·学大原上》)

他认为熟记对于言语的表达和行为的践履具有重要的意义，所以，读书时必须"养心识明静"，求得书中精义。

陆九渊认为，熟读的关键是涵泳工夫，要注意由浅入深，由易及难。他对学生说：

学者读书，先于易晓处沉涵熟复，切己致思，则他难晓者涣然冰释矣。若先看难晓处，终不能达。（《陆九渊集》卷三十四，《语录上》）

他接着还引用一首诗教导学生：

读书切戒在慌忙，涵泳工夫兴味长。未晓莫妨权放过，切身须要急思量。自家主宰常精健，逐外精神徒损伤。寄语同游二三子，莫将言语坏天常。（同上）

他还认为，熟读的关键是认真仔细，不可草率从事。"读书之法，须是平平淡淡去看，仔细玩味，不可草草。所谓优而柔之，厌而饫之，自然有涣然冰释，怡然理顺底道理。"（《陆九渊集》卷三十五，《语录下》）又说：

大抵读书，诂训既通之后，但平心读之，不必强加揣量，则无非浸灌、培益、鞭策、磨励之功。或有未通晓处，姑缺之无害。且以其明白昭晰者日加涵泳，则自然日充日明，后日本原深厚，则向来

未晓者将亦有涣然冰释者矣。(《陆九渊集》卷七,
《与邵中孚》)

黄庭坚认为,熟读的功夫不仅在书内,而且在书
外。他说:

　　古人有言曰:"并敌一向,千里杀将。"要须心
地收汗马之功,读书乃有味。弃书册而游息,书味
犹在心中,久之乃见。古人用心处如此,则尽心
一两书,其余如破竹节,皆迎刃而解也。(《与王
子予书》)

这就是说,不仅读书时全神贯注,"并敌一向",在休息
时也应回味所读之书,这样才能真正烂熟于心。
　　在熟读的基础上,不仅要把握书中的精义,而且要
了解全书的大体。如张载说:"观书且不宜急迫了,意
思则都不见,须是大体上求之。言则指也,指则所视
者远矣。若只泥文而不求大体则失之,是小儿视指之类
也。"(《张载集·经学理窟·义理》)又说:"观书必总
其言而求作者之意。"(同上)陆九渊也明确指出:"读
书固不可不晓文义,然只以晓文义为是,只是儿童之

学，须看意旨所在。"(《陆九渊集》卷三十五，《语录下》)他们认为，熟读的主要目的不仅仅是通晓文义，而是从大体上求之，要掌握书中的"意旨"。如果仅仅停留在知道文义的水平，那与儿童的学习就无甚区别了。

4.读书贵谦

读书必须具有谦虚的心理状态，这是古代教育家的共识。颜之推写道：

> 夫学者所以求益耳。见人读数十卷书，便自高大，凌忽长者，轻慢同列；人疾之如仇敌，恶之如鸱枭。如此以学自损，不如无学也。(《颜氏家训·勉学》)

他认为，人不能满足于读几本书。如果读了许多书就自以为了不起，从而凌忽长者，轻慢同列，那就失去了读书求益的本来目的，而是读书自损。这还不如不读书。陆九渊也指出：

> 谓读古书，且当于文义分明处诵习观省，毋忽其为易晓，毋恃其为已晓，则久久当有实得实益。至于可疑者，且当优游厌饫以俟之，不可强探力

索。后日于文义易晓处有进，则所谓疑惑难晓者往往涣然而自解。(《陆九渊集》卷十，《与曾宅之》)

他认为，读书，尤其是读古书，最忌讳的是"忽其为易晓"和"恃其为已晓"两种读书态度，这样往往会漫不经心，毫无收获。所以，必须采取谦虚的态度，诵习观省。遇疑惑，既不退缩不前，也不强探力索，而是"优游厌饫以俟之"，逐渐攻克。这样往往会消解疑惑，不断进步。

5. 读书贵用

中国古代教育家也很重视读书过程中"用"的环节。如宋代大诗人陆游在《冬夜读书示子聿》中就说："纸上得来终觉浅，绝知此事要躬行"，认为读书获得的知识必须经过"躬行"，才能真正为人所知悉。

北齐时的颜之推比较详尽地阐述了读书贵用的思想。他写道：

夫所以读书学问，本欲开心明目，利于行耳。未知养亲者，欲其观古人之先意承颜，怡声下气，不惮劬劳，以致甘暖，惕然惭惧，起而行之也；未知事君者，欲其观古人之守职无侵，见危授命，不忘诚谏，以利社稷，恻然自念，思欲效之也；素骄奢者，欲其观古人之恭俭节用，卑以自牧，礼为教本，敬者身基，瞿然自失，敛容抑志也；素鄙吝者，欲其观古人之贵义轻财，少私寡欲，忌盈恶满，赒穷恤匮，赧然悔耻，积而能散也；素暴悍者，欲其观古人之小心黜己，齿弊舌存，含垢藏疾，尊贤容众，茶然沮丧，若不胜衣也；素怯懦者，欲其观古人之达生委命，强毅正直，立言必信，求福不回，勃然奋厉，不可恐慑也。历兹以往，百行皆然，纵不能淳，去泰去甚。学之所知，施无不达。世人读书者，但能言之，不能行之，忠孝无闻，仁义不足；加以断一条讼，不必得其理；宰千户县，不必理其民；问其造屋，不必知楣横而梲竖也；问其为田，不必知稷早而黍迟也。(《颜氏家训·勉学》)

颜之推用养亲、事君等案例说明，读书贵在应用，知行合一。如果"但能言之，不能行之"，就失去了读书的意义。

如何读书，读什么书

古今中外很多哲人论述过读书与思考的关系。比如我们都很熟悉的一句话："不能让自己的头脑成为别人思想的跑马场。"这句话所包含的思想出自德国哲学家叔本华，他说：

> 我们读书时，是别人在代替我们思想，我们只不过重复他的思想活动的过程而已，犹如儿童启蒙习字时，用笔按照教师以铅笔所写的笔画依样画葫芦一般。我们的思想活动在读书时被免除了一大部分。因此，我们暂不自行思索而拿书来读时，会觉很轻松，然则在读书时，我们的头脑实际上成为别人思想的运动场了。所以，读书愈多，或整天沉浸于读书的人，虽然可借以休养精神，但他的思想能力必将渐次丧失，此犹如时常

骑马的人步行能力必定较差，道理相同。有许多学者就是这样，因读书太多而变得愚蠢。（叔本华等：《叔本华：怎样读书才有效》，杨春时译，中国画报出版社2012年版。译文有改动。下同。）

的确，读书，是有不同境界、不同方法的。读书的时候，我们一般是与作者对话，听他的言说，理解他的逻辑。但是，这只是读书的第一步，如果停留于此，我们就是在重复作者的思想活动，这样的读书轻松自在，作为休闲放松，作为紧张工作之余的调节是可以的。但是，这样的阅读很难产生智慧。智慧，应该是在探究、论辩、推敲的过程中产生的，在读书的过程之中，能不能向作者提出几个问题，能不能提出几个不同的观点，与作者"杀几个回合"？这是检验读书成效的重要标准，也是防止读死书、死读书、读书死的化愚之道。生命在于运动，思维也需要运动。如果只读不思，就是死读书，读死书，最后只能读书死了。

书籍从不嫌贫爱富，它对于所有的人都是平等的。叔本华认为，忙于生计而无暇读书是可以理解的；但是对于那些腰缠万贯的富豪巨贾来说，如果不去读书思考，"恣情纵欲，醉生梦死"就是不可原谅了。其实，物质上的贫富与精神上的贫富不是呈正相关的。有些人，虽然生活贫困，但精神却相对充盈富有，活得安详自在，幸福宁静。2020年疫情期间，东莞农民工吴桂春的一封信曾经火遍网络。他在决定离开东莞前，给当地图书馆留了一张纸条："书能明理，对人百益无一害的唯书也，……虽万般不舍，然生活所迫，余生永不忘你。"他还表示：如能留莞工作，马上去办借书证！在吴桂春面前，那些有钱而无知的人是否汗颜？他们可能更有条件读书，但却无暇去读。人是物质与精神的统一体。人不仅通过生产工具等中介建立与世界的物质联系，而且通过语言符号等中介建立与世界的精神联系，二者缺一不可。从某种意义上可以说，没有阅读，人的精神生命就不复存在。

许多人都有这样的感叹：家里的藏书一辈子都读不完。本人也属于这种类型。比这个问题更大的真正的问题是只读书不思考，只能照着别人的葫芦去画瓢。读到叔本华的下面这段话，深有同感：

　　买书又有读书的时间，这是最好的现象，但是一般人往往是买而不读，读而不精。

　　要求读书的人记住他所读过的一切东西，犹似要求吃东西的人，把他所吃过的东西都保存着一样。在身体方面，人靠所吃的东西而生活；在精神方面，人靠所读的东西而生活，因此变成他现在的样子。但是身体只能吸收同性质的东西，同样的道理，任何读书人也仅能记住他感兴趣的东西，也就是适合于他的思想体系或他的目的物。任何人当然都有他的目的，然而很少人有类似思想体系的东西，没有思想体系的人，无论对什么事都不会有客观的兴趣，因此，这类人读书必定是徒然无功，毫无心得。

吃什么我们就成为什么，在身体方面，我们的饮食结构决定了我们的躯体发育成长；在精神方面，我们的阅读高度决定了我们的精神高度。同样，我们与食物之间是有着某种秘密的联系的。许多人对食物都有自己的口味和偏好，我们的身体往往只吸收身体需要的"同性质的东西"，我们的精神也喜欢吸收与自己的思想认识"同性质的东西"。但是，也有一些人没有形成自己的"爱好"和"口味"，没有自己的思想体系和价值体系，这个时候，他们的阅读往往也就缺少方向感、意义感，缺少能够统领阅读的灵魂的框架，结果自然徒劳无功，毫无心得。所以，要读书，一方面要"放空"自己，全面正确地了解和把握书中的观点与内容；另一方面也要以"我"为主，把书中的内容加以审视，作为建构自己思想认知的原材料。

叔本华提出过一个"决不滥读"原则，是这样说的：

我们读书之前应谨记"决不滥读"的原则，不滥读有方法可循，就是不论何时，凡为大多数读者所欢迎的书，切勿贸然拿来读，例如正享盛名，或者在一年中发行了数版的书籍都是，不管它属于政治或宗教性还是小说或诗歌。你要知道，凡为愚者所写作的人是常会受大众欢迎的。不如把宝贵的时间专读伟人的已有定评的名著，只有这些书才是开卷有益的。

不读坏书，没有人会责难你，好书读得多，也不引起非议。坏书有如毒药，足以伤害心神。——因为一般人通常只读新出版的书，而无暇读前贤的睿智作品，所以连作者也仅停滞在流行思想的小范围中，我们的时代就这样在自己所设的泥泞中越陷越深了。

我相信"决不滥读"是一个很重要的读书准则。但是，在现代社会的确很难做到了。他更相信时间的大浪淘沙的评价，而不相信大众的点评。从单位时间的投入产出比来看，叔本华的建议无疑是正确的。同样的时间，应该用来看最有价值的书。什么样的书是最有价值的呢？就是那些"伟人的已有定评的名著"。问题在于，当代社会的读者往往要面对当代社会的问题，如果不关注大多数读者欢迎的当代书籍，不关注知名学者和媒体的推荐，可能很难了解当代社会的思潮。近些年我读的《摆渡人》《解忧杂货店》《岛上书店》等好书，都是根据豆瓣等各种书榜选择的。我个人主张以经典阅读为主，适当兼顾大众的潮流阅读。叔本华有一个重要的观点我非常赞成，那就是"坏书有如毒药，足以伤害心神"。尤其是对于那些缺乏鉴别力的少年儿童来说，应该尽可能为他们选择好的书籍，帮助他们形成鉴赏力。总之，读经典是最保险的，是效率和效益最高的阅读。在读经典的基础上，再有选择地读一些当代的优秀作品。

珍惜你所获得的阅读能力

——赫尔曼·黑塞谈阅读

现代学校制度的普及，基本上扫除了不会阅读的文盲。然而，当阅读似乎已经成为每个人都能够掌握的认识世界的能力之后，我们却发现了截然不同的对待阅读的态度，并非人人都愿意或者说都能够通过阅读加深对世界的认识。德国哲学家赫尔曼·黑塞说：

> 每年，我们都看到成千上万的孩子走入学校接受教育，勾画着最初学到的字母，辨认着最早接触的音节，我们一再看到，对大部分孩子来说，能够阅读会迅速地成为一件理所当然、无足轻重的事情，而另一些孩子却会年复一年地、几十年如一日地愈发陶醉地、惊讶地使用学校赋予他们的那把神奇的钥匙，因为即使今天每个人都得以学习阅读，但是，总是只有少数人才会意识到，交到他们手中

的是什么样的一个强有力的护身符。（黑塞：《书籍的世界》，马剑译，花城出版社2014年版。下同。）

是的，每个人的阅读态度、阅读方式、阅读境界都是不尽相同的。有些人，只是浅尝即止，停留在浏览报纸、看看电视电脑、翻翻流行小说的水平，有些人却通过阅读"继续探究这个书籍的世界并且一步步地发现，这个世界是何其宽广、何其丰富多彩、何其令人振奋"。只有真正走进这个世界的人才会发现，它不仅仅是一个繁花似锦的大公园、一道美丽的精神风景，更是一座"具有千重殿堂和庭院的庙宇"，在这里，所有的民族和时代的精神汇聚一堂，始终期待着通过被人阅读而醒来。对于有些人来说，书籍就是书籍；对于另外一些人来说，书籍就是整个的世界。阅读，是他们的一个强有力的护身符，帮助他们进入一个个更加神奇的世界。

许多事情，只有亲身体验、亲身经历的人才有真实的感受。有些人从来没有认真读过书，或者从来没真正被书感动过，这样的人不可能对书籍产生真正的情感。黑塞认为：

那些始终无法领略书籍世界魔力的人对它的

看法就类似于那些不懂音乐的人对音乐的观点，并且并不少见地倾向于将阅读当作一种病态的、危险的、对生命毫无益处的激情加以谴责。

不懂音乐的人，看见人们为音乐如痴如醉会感到不可思议。当然，更为可怕的是，有些人不仅不理解读书的乐趣和价值，甚至还会"将阅读当作一种病态的、危险的、对生命毫无益处的激情加以谴责"，这种对书籍和阅读的无视与敌视，真是一种悲哀。因为，离开了文字和阅读，人就是不完整的，就不可能感受人类精神风景带来的心灵慰藉和震撼。中国古代有敬惜字纸的传统。敬惜字纸就是敬重文化，敬畏知识，敬畏书籍。今天，我们对阅读也应怀有敬畏的态度。

自从有文字和书籍以来，人类几千年的文化与文明的发展，创造了汗牛充栋的书籍。这些书籍承载着人类创造的智慧财富。黑塞说：

> 即使不再有任何一本独立的新书问世，每一位真正的读者都依然能够继续钻研几十年、几百年以来现存的财富，能够继续抗争，能够继续感到愉悦。

正如黑塞所言，即使不再有新的著作问世，人们仍然可以依靠这些伟大的著作去生活，去思想，去抗争，去创造，仍然可以从这些伟大的著作中获得生活的勇气、生存的力量和生命的智慧，仍然会产生愉悦的情感和幸福的体验。这些书籍不会随着时间的流逝而老去，它们永远能够润泽我们的生命，滋养我们的灵魂。许多人都曾经被问及，如果让你去一座荒岛，你会选择带哪些书籍？这正是从另外一个方面提醒我们，书籍恰恰是人类灵魂最不可缺少的伙伴。中国人有"吃老本"之说，"老本"原指"本钱"，但借用来指"书本"也是合适的。不同的是，作为金钱的"老本"会不断减少，坐吃山空；但作为书本的"老本"却会越吃越多，让我们的精神不断充盈。在此意义上而言，经典就是人类可以不断吃下去的"老本"。因此，拥有了阅读能力之后，我们还要不断磨砺我们的阅读能力，不断地去读伟大的书。

怎样发现经典

——卡尔维诺的"经典"释读

意大利著名作家、评论家卡尔维诺平生最大的爱好就是不断地阅读和评论他读过的书籍。《为什么读经典》这本书收录的文章，就是他在生命不同阶段（从20世纪50年代到80年代）的阅读笔记。在书中，他从希腊神话到现代诗歌、从文学到哲学、从自然科学到现实主义、从司汤达到博尔赫斯等一一进行了解读与评述。完稿后，卡尔维诺发现，书里涉及的知识点太多，如果不给读者开一张书单加以说明，应该没有多少人能通读这本书。于是，他在开篇加了一篇令人耳目一新的导言，为我们留下了他关于什么是经典著作的14条思考。结果，这14条关于经典的思考本身也成为了经典。人们讨论经典的定义与价值时，都会引述卡尔维诺的这些标准。

经典是那些你经常听人家说"我正在重读……"而不是"我正在读……"的书。（卡尔维诺：《为什么读经典》，黄灿然、李桂蜜译，译林出版社2012年版。下同。）

第一条标准其实很容易理解，卡尔维诺认为，经典，就是人们会不断重新阅读、百读不厌的作品。他指出，这个标准对于年轻人不一定适用，因为"他们接触世界和接触作为世界的一部分的经典之所以重要，恰恰是因为这是他们初次接触"。但是，对于那些博学的人以及那些走向成熟的人来说，确实就是如此。因为，真正的经典，是需要你不断地与之对话的，正如真正的朋友一样，是需要经常交流沟通的。

经典作品是这样一些书，它们对读过并喜爱它们的人构成一种宝贵的经验；但是对那些保留这个机会，等到享受它们的最佳状态来临时才阅读它们的人，它们也仍然是一种丰富的经验。

这是卡尔维诺关于经典的第二条标准。他认为，所有的经典著作，无论你在什么时候与它相遇，都会有所收获，都会享受这本书带给自己的愉悦。在青少年时代，第一次读经典，就像初恋的经验一样，"都会产生独特的滋味和意义"；而在成熟的年龄，第一次读经典，读一部伟大的作品，更会有一种极大的乐趣，"这种乐趣跟青少年时代非常不同"，因为这个时候的阅读，是带着自己的人生阅历和生活经验来读的，会看到青少年无法看到的东西，看到"更多的细节、层次和含义"。所以，经典就是那些让不同年龄的人都能够有所收获，都能够获得丰富而宝贵的经验的书籍。

> 经典作品是一些产生某种特殊影响的书，它们要么本身以难忘的方式给我们的想象力打下印记，要么乔装成个人或集体的无意识隐藏在深层记忆中。

经典就像一粒埋藏在我们心里面的种子，总是要发芽开花的。年轻的时候读过的有些书，往往总感觉价值不大，这是由于年轻人缺乏耐心，精神不够集中，又缺乏相应的阅读技能，缺乏相应的背景知识与人生经验。但是，年轻的时候记忆力有优势，这些阅读的内容和体验会以某种特殊的方式"继续在我们身上起作用"，对我们施加某种影响,"哪怕我们已差不多忘记或完全忘记我们年轻时所读的那本书"。所以,真正的经典,会有一种特殊效力,"就是它本身可能被忘记,却把种子留在我们身上",会变成我们的个人或者集体的无意识藏在我们的记忆深处,在我们的思维方式和想象力中呈现出来。所以,读经典不一定要等待自己完全能够理解的时候再去读。

　　一部经典作品是一本每次重读都像初读那样带来发现的书。

经典是每次阅读都会有新的发现的书籍。卡尔维诺主张,每个成年人的生活之中,都应该安排一些时间用于"重新发现青少年时代读过的最重要作品"。他认为,尽管这些书本身依然如故,但是读它的人变了,成长了,成熟了,对这些书的理解、感悟也会全然不同。重读经典带来的发现与初读经典时的发现虽然会有不同,但是对于阅读所带来的愉悦与幸福是相同的。清代著名词人纳兰性德曾经感叹"人生若只如初见",这个感觉,在人与人相处的过程中往往很难保持,但是,在读经典的时候是能够找到的。

一部经典作品是一本即使我们初读也好像是在重温的书。

经典本身说出了许多我们过去经常思考但却没有理出头绪的话语，或者是说出了我们想表达但却没有准确表达出来的思想。经典与我们"心有戚戚"，与我们精神相通。就像那些第一次见面却一见如故的朋友，有一种似曾相识的感觉。从这一点而言，经典是亲切、温暖的。是的，就像有的人在一起一辈子，但无法真正互相了解；有的人只是萍水相逢，却刻骨铭心。好的经典，就是一见如故的好朋友。

一部经典作品是一本永不会耗尽它要向读者说的一切东西的书。

有人说过，一千个读者的眼里，就有一千个哈姆莱特。莎士比亚的戏剧，几百年来不断在全世界的舞台上演，同一个人物，在不同的语言、不同的表演中不断演绎；对孔子的《论语》，自古以来的解读著作汗牛充栋，现在仍然不断有新的阐发问世。一个重要的原因，就是经典蕴含的思想、智慧非常深邃，即使同一个人，在不同的时间、不同的地点、不同的心情下阅读，也会有不同的感悟。经典像一位历经沧桑的老人，不断与我们对话交流，每次都不会让我们失望；经典像一个蕴藏着无数珍品的宝库，每一次光临，都不会让我们空手而归；经典也像一位循循善诱的教师，针对不同的学生因材施教。

> 经典作品是这样一些书，它们带着先前解释的气息走向我们，背后拖着它们经过文化或多种文化（或只是多种语言和风俗）时留下的足迹。

经典其实是在不断被丰富的。卡尔维诺认为，无论是古代的经典还是现代的经典，都具有这一特点。他以自己阅读《奥德赛》的经验为例，虽然他读的是荷马的文本，但是他也无法忘记书中的主人公"奥德修斯的历险在多少世纪以来所意味的一切"。这些内容，有些可能是本来就隐含在原著之中的，有些则是后来逐步"增添、变形或扩充的"。也就是说，经典本身富有历史文化的内涵，其价值有时候会超出文本本身。同一部经典，在不同时代、不同文化背景下，经过不同语言的转换，被不断丰富、解释、发展。经典本身会成为一种知识背景，所以要真正理解经典，还是应该尽可能回到它最初的文本，回到它原来的气息，而"尽量避免二手书目、评论和其他解释"。

> 经典作品是这样一些书，我们越是道听途说，以为我们懂了，当我们实际读它们，我们就越是觉得它们独特、意想不到和新颖。

卡尔维诺认为，如果仅仅是出于责任或敬畏去读经典是不够的，要从内心深处喜爱，才能够有真正的收获。也就是说，只有当经典与读者之间建立起真正的"个人关系"，只有当经典与我们之间擦出火花，经典才能真正属于我们自己。他指出，"一部经典不一定要教导我们一些我们不知道的东西；有时候我们在一部经典作品中发现我们已知道或总以为我们已知道的东西，却没有料到我们所知道的东西是那个经典文本首先说出来的（或那个想法与那个文本有一种特殊联系）"。这样的发现经常是一种意外的喜悦和满足。所以，当我们回到经典，遇见那些似曾相识的文字和观点时，不仅仅有寻找到思想源头的快乐，而且会有许多新的发现、感悟、收获。经典，比我们对它的认识有更大的可能、更大的空间。经典的独特、意想不到和新颖总是超出我们的想象。

一部经典作品是这样一个名称，它用于形容任何一本表现整个宇宙的书，一本与古代护身符不相上下的书。

经典经常能够帮助我们解释世界，能够成为我们的思想武器，成为我们的"护身符"。卡尔维诺在书中讲述了他的一位艺术史专家朋友的故事。这位优秀的艺术家是一位极其博学多才的人。他最喜欢的一本书是狄更斯的《匹克威克外传》，在任何场合与人们讨论问题，他总是会引用这本书里的片段，并且把自己生命中的每一个事件与匹克威克的生平联系起来，"渐渐地，他本人、宇宙及其基本原理，都在一种完全认同的过程中，以《匹克威克外传》的面目呈现"。这是一种把书读透了的境界。当书与人真正融合的时候，书就会成为生命的一部分。学界曾经有"一本书主义"的说法：泛泛地读许多书，不如认真地精读一本书，弄懂，搞透，把这本书真正融化到血液里去。

　　"你的"经典作品是这样一本书，它使你不能对它保持不闻不问，它帮助你在与它的关系中甚至在反对它的过程中确立你自己。

经典不是绝对真理。在今天看来，经典作品有时候甚至会存在一些明显的错误或硬伤。但是，在经典作品中，即使是错误，也常常成为人们思考的原点，经典为我们认识世界与人生提供无法绕开的东西。也就是说，我们与经典同样也可以建立起"一种不是认同而是反对或对立的强有力关系"。卡尔维诺举例说，他自己就是卢梭的粉丝，卢梭所有的思想和行动对于他来说都十分亲切。但是，他自己也经常会产生"一种要抗拒他、要批评他、要与他辩论的无可抑制的迫切感"。他需要在与卢梭的对话中确立自己。所以，经典会从不同的角度影响我们，我们也同样无法真正离开经典。

　　一部经典作品是一部早于其他经典作品的作品；但是那些先读过其他经典作品的人，一下子就认出它在众多经典作品的系谱中的位置。

经典总是具有原创性和启发性。那些真正伟大的经典往往被称为"元典"，它们不仅早于其他经典，而且总是能够为其他经典提供话题与思想的源泉。所以，我们在读那些后来的经典时，总是能够找到影响它们的"元典"，辨认出"它在众多经典作品的系谱中的位置"。也就是说，真正的经典其实也是有生命的，能够繁衍后代的。正如卡尔维诺所说，一部经典的特别之处，是它在文化传承与延续的过程之中始终有着自己的基因，我们总是能够在古代或现代作品中找到对于它的"某种共鸣"。

> 一部经典作品是这样一部作品，它把现在的噪音调成一种背景轻音，而这种背景轻音对经典作品的存在是不可或缺的。

卡尔维诺在书中抛出了两个很有意思的问题："为什么读经典，而不是读那些使我们对自己的时代有更深了解的作品？""我们哪里有时间和闲情去读经典？我们已被有关现在的各类印刷品的洪水淹没了。"这是两个很现实也很尖锐的问题。其实，倡导读经典，不是要我们只能读经典或者仅仅读经典。从阅读经典中得到最大益处的人，恰恰就是"那种善于交替阅读经典和大量标准化的当代材料的人"。所以，卡尔维诺给我们的建议就是，我们应该把阅读经典作为我们阅读生活的主旋律，把最重要的精力与时间用于对话经典，而把读其他的作品作为背景音乐（噪音），这种"背景轻音对经典作品的存在是不可或缺的"，但是绝不能本末倒置。有了主旋律，我们的阅读与思想就是有根的，我们的认知就是有结构的，而不至于成为飘浮的迷雾和水上的浮萍。

> 一部经典作品是这样一部作品，哪怕与它格格不入的现在占统治地位，它也坚持至少成为一种背景噪音。

退而言之，如果经典不能够成为我们阅读生活的主旋律，它能够也应该成为我们的背景音乐。在卡尔维诺看来，真正能够坚持阅读经典的人毕竟是少数。对于大多数人来说，"把经典作品当成房间外远方的回声来聆听已是一种成就，因为他们的房间里被现在弥漫着，仿佛是一部开着最大音量的电视机"。经典，看上去离我们很遥远，但是一旦走进去就会发现离我们很近。经典，看上去对我们的生活没有什么实际用处，但是一旦读进去就会发现它是无用之大用，解决的是我们人生的大问题。卡尔维诺告诉人们，也许我们不能够讲述经典具体有什么用，但是有一点是可以确认的："读经典总比不读好。"文章的最后讲了一个耐人寻味的故事：苏格拉底在临死前还在用长笛练习一首曲子。刽子手问他，你这有什么用呢？苏格拉底的回答是："至少我死前可以学习这首曲子。"这不由得让我们想起孔子的一句话："朝闻道，夕死可矣！"经典就像人类创造的精神景观，一生中不和几部经典相遇，总是一大憾事。

如何回应和促进儿童的阅读

——从钱伯斯的阅读循环谈起

钱伯斯认为，我们的阅读总是遵循着一定的循环历程，这就是从选书、阅读到回应的阅读循环。选书，是阅读的第一步。鼓励学生和孩子阅读的首要任务，就是帮助他们选择图书，建立一个属于自己的"馆藏"。钱伯斯说：

一位深爱阅读的读者，应该知道如何着手去选择他所想要阅读的书籍，知道该如何有效地浏览群书，该如何取得他找不到的图书信息；更应该明白如何建立一个适合自己的馆藏，它可能在公共图书馆里，可能在书店里，可能在班级书库里，甚至可能在好友的书架上。（艾登·钱伯斯：《打造儿童阅读环境》，许慧贞、蔡宜容译，北京联合出版公司2016年版。下同。）

这些书的产权并不一定真正属于他自己，但是，孩子们能够随时找到这些图书，他们知道哪些书是好书以及在哪儿能够找到这些好书。当然，在经济条件许可的情况下，我们鼓励孩子们有真正属于自己的一个小书柜、小书架，日后可能发展成为一个小书房。一开始就能够和最好的书相遇，是一个阅读者的幸运。

儿童的阅读离不开成人的指导。虽然我们强调儿童的自主阅读，强调尊重儿童的阅读兴趣和阅读习惯；虽然我们也重视儿童与儿童之间的阅读互助，甚至我们也明白"儿童是成人之父"，成人也可以从儿童的阅读中学到许多东西，但是毫无疑问，如果缺少有经验的大人的指导，儿童在阅读过程中遇到的各种困难就无法顺利解决。钱伯斯说：

> 如果我们的小读者，有一位值得信任的大人为他提供各种协助，分享他的阅读经验，那么他将可以轻易地排除各种横亘眼前的阅读障碍。一个从不阅读或者缺乏阅读经验的大人，是难以为孩子们提供协助的，这也就是为什么我强调阅读循环的中心点是"有协助能力的大人"。

儿童阅读的关键之一，"在于和孩子讨论书籍的是什么样的人"。所以，具有协助能力的大人，自然就成为引领儿童阅读的关键人物。这就要求我们的教师和父母应该学习一点关于阅读的理论，懂得激发孩子阅读兴趣的方法，懂得帮助孩子克服各种阅读困难的路径，这样才能真正地成为具有协助能力的大人，才能有效地为孩子打造一个良好的阅读环境。

那么成人如何回应孩子的阅读呢？钱伯斯认为：

> 有两种回应对帮助孩子成为一位思考型的读者非常重要。第一种回应是在读完一本喜欢的书之后，期待能经历相同的阅读乐趣。这种感觉会驱使我们想重读这本书，或是想去看看同一作者的其他作品，或者是相同主题的更多作品。甚至，就只是单纯地想再阅读其他书籍。如此一来，我们就有动力再去选读其他的书，经历另一个阅读循环。

选书、阅读、回应，是钱伯斯的阅读循环的三个环节。如果阅读之后无动于衷，没有任何反应和回应，就不会有新的阅读循环。对于任何一位读者来说，这是最为可怕也最为可惜的事情。对于儿童来说，出现上述情况的原因，或者是所读的书不适合他们，完全没有读懂；或者是所选择的书很难引起他们的兴趣与共鸣。当儿童还缺乏自主选书的能力时，我们应该尽可能帮他们选择那些优秀的、曾经感动过无数孩子的经典。在儿童最初的阅读过程中，应该尽可能陪伴他们共同阅读，讨论，交流，让他们能够体会阅读的美好。美好的作品会塑造他们的精神胃口。阅读的愉悦会给儿童留下难忘的美好的印象，激发再次阅读的渴望。

有书读，有好的成人做指导，那么如何促进阅读持续下去呢？我们新教育网络师范学院的入学申请，最重要的内容就是要完成一篇《我的阅读史》，请教师记录分析一下自己的阅读历程、曾经阅读过的书籍和正在阅读的书籍。许多教师上交的阅读史非常苍白，有的甚至无法回忆起自己阅读的书目。这又让我想起钱伯斯关于阅读记录的观点，他认为：

有必要将孩子们的阅读记录一年一年地，从一个班到另一个班，从一所学校到另一所学校——地保存下来。即使在这中间，孩子遇上不称职的教师，或者是嫌麻烦而不认为阅读有什么必要的老师，我们还是可以帮助孩子们一起回顾他们曾经记的阅读笔记，并体验阅读笔记的价值，鼓励他们不管现在的老师怎么认为，都要继续记录下去。如果我们遇到的孩子不曾记过阅读笔记，那么，我们就得试着花上一点时间，陪着他们一起回顾曾经看过的书，并尽量把它们记下来。

及时记录阅读过的书籍有着非常重要的意义，能够"帮助我们对书中的情节有更深刻的记忆，更增添阅读的乐趣"，对于父母和教师来说，了解孩子阅读的书籍，有助于与他们进行交流、沟通，走进他们的心灵。对于我们自己来说，坚持和孩子一起写阅读笔记也是一份珍贵的历史记录。一方面，是记录我们的心灵成长历史；另一方面，也能够帮助我们反思自我，及时调整阅读结构，提高阅读质量，改进阅读行为。钱伯斯还提出了一些具体的如何记录阅读笔记的方法，如用一个坚固耐用的笔记本，在孩子不会写字之前由父母帮助记录，不要强迫写读书体会，教师和父母不要在阅读笔记上写任何评语，父母和教师直接带头记录等。许多人往往是在自己的日记中记录读过的书籍，这当然很好，但是如果有专门的阅读笔记，查阅会更加方便，也更有保存的价值。

假如孩子们不愿意阅读了，该怎么办？钱伯斯给出了如下建议：

> 证据显示，让不再愿意阅读的青少年和五六岁
> 的孩子们一样听故事，很容易让他们有重拾书本阅
> 读的欲望。此外，也可以请他们讲故事，不管是生
> 活上的小故事，还是自编的故事，他们将因此重拾
> 已然遗忘的曾经对故事的百般渴求，并获得某种从
> 不曾有的成就感。这份感觉与使命感将驱使这些大
> 孩子们再度扮演起文学世界里的读者角色，持续阅
> 读下去。

故事与阅读有着天然的联系。所以，对于那些不喜欢阅
读的孩子，最好的办法就是为他们讲故事，或者让他们
讲故事。而对于那些不善于讲故事的孩子来说，则可以
根据提纲复述故事，也可以根据故事的内容让孩子们扮
演不同的角色，讲述角色的语言。钱伯斯建议，要尽可
能为孩子安排不同的人来为他们讲故事，让他们接触不
同的叙事风格，寻找最适合自己的讲故事方式。对于那
些尚未形成阅读习惯的青少年学生，也完全可以通过让
他们讲故事的方式，把他们带到书籍世界。他们比儿童
有更多的生活经验与人生经历，因此也更有可能讲出完

整、丰富、有趣的故事。

只有真正感受过书籍的魅力，只有被文字背后的智慧震撼过，被文字里的情感熏陶过的人，才能够知道，书籍里有如此多姿多彩的世界，如此变幻无穷的世界。如何把孩子带到这个魅力无穷的世界？钱伯斯认为，讲故事是最好的办法。

怎样读得更明白

——钱伯斯对阅读讨论的见解

钱伯斯认为，阅读是一项重要的心智活动，与那些兴之所至的口头闲聊相比，阅读具有更大的智力含量。但是，口头表达在现实生活中又非常重要，是沟通交流时不可或缺的行为。人的说话能力与思维能力、阅读能力有密切的关系。过去我们说熟读唐诗三百首不会作诗也会吟，就是说的阅读与表达的关系。读明白才能说清楚，表达能力离不开逻辑思维能力，离不开阅读经验的支持。对于读书来说，能够将所读的东西清晰地说出来，这种行为本身也是能够促进思维能力和阅读理解的。钱伯斯说：

> 能够将读过的书说个清楚，本身就是一个极具
> 价值的行为，这一行为同时也是完整表达己见的最
> 佳演练。也就是说，在帮助儿童把阅读用口头语言

表达出来时，我们同时是在训练、培养他们的表达能力。在一个健谈的时代里，还有什么比口齿清晰更能派上用场。（艾登·钱伯斯：《说来听听：儿童、阅读与讨论》，前言，蔡宜容译，北京联合出版公司2016年版。下同。）

把读过的书说出来，把书面的阅读用口头的语言表达出来，无论是复述故事内容，还是续编新的故事，让孩子开口讲书，不仅仅能够培养他们的阅读兴趣与阅读能力，而且能够培养他们的表达与沟通能力。

我们通常都比较熟悉讨论，其实质也是把所读的内容或者读后感想说出来。讨论对于促进阅读兴趣具有重要的作用。正如钱伯斯说言：

　　加入读书讨论本身就是一种吸引参与的动机，因为"大家一起来发言"不仅能汇集每个人对文本的理解，成就一个更完整的认知，讨论本身通常也能激荡出新的火花，深化我们对文本的认知；而这份认知在未经讨论之前，大家通常都只知其然，不知其所以然。

在学校开展的阅读活动，更多的是一对多的讨论，因此形式多样的读书会、读书小组的讨论、交流、分享就显得非常重要。参与者深入参与的讨论为什么很重要，因为它是集思广益、凝聚共识、丰富认知的重要途径。如钱伯斯所说，这样的讨论能够用来"解决那些靠单打独斗无法完成的、棘手的、复杂的问题"。在任何团队中，很少有人是全知全能的，"当团队中每个成员各尽所能、互助合作时，绝对比个人更能挖掘文本的意义"。在讨论中，原本在每个人脑中的模糊观念会更加清晰、完整，原本没有意识到的思想出现了，原本没有想到的角度被发现了。讨论不仅丰富、完善了我们的认识，更能够帮助我们获得新知。同时，思维的碰撞和情感的交融会进一步激发阅读的兴趣，产生所谓的"知性喜悦"，形成阅读的正向循环。

要想说得精彩，就要想得清楚、想得明白、想得精彩。谈话、讨论，既是检验一个人是否真正读懂了书籍、弄懂了文本、掌握了内容的重要标准，也是一个人整理思维、厘清思绪的重要路径。所以，钱伯斯提出："把想法说出来"的动机不仅在于聆听自己的内在，同时更希望通过和听众的互动理清自己的意图，而这种事情"单靠自己是做不到的"。因此，无论是在家庭中还是学校里，父母和教师都要尽可能让孩子多开口说话，表达自己的观点和诉求。要尽可能与孩子平等讨论、沟通意见，鼓励孩子表达不同的观点和看法。在孩子读完某本书之后，鼓励他们讲述书中的内容，评论书中的观点，想象可能的结局。谈话、沟通、交流，不仅帮孩子读得明白，而且能够训练孩子们的表达能力，更能够训练他们的思维能力。

为什么需要跨学科阅读

——马斯克博览群书的启示

关于跨学科阅读，当代发明大王马斯克有一段精彩的论述。他说：

我觉得应该尽可能广泛涉猎各个科目。很多创新发明都是跨学科的成果。我们的知识储备越来越庞大，所以必须能够融会贯通。有人精通一个领域，而不了解其他领域，如果你能把不同领域的知识结合在一起，就有机会创造出超常成果，这里有大把的创新机会。所以我鼓励大家尽可能广泛地学习各个科目。对于工科学生，我建议去学一点经济学，学点文学，或者其他领域。我建议，在有兴趣的前提下大家可以学习各个领域的基础知识，然后思考一下如何将不同领域的知识融会贯通。这样很容易产生奇思妙想。（钱颖一：《钱颖一对话录：

有关创意、创新、创业的全球对话》，商务印书馆
2021年版。）

一般人都认为马斯克是一位无法效仿的天才，他创办的
公司的业务领域各不相同，从火箭科学、工程、建筑、
物理、人工智能到太阳能，在每个领域都有所突破。其
实，这一切的背后，与他"广泛涉猎各个科目"，并且
能够融会贯通有着密切的关系。据马斯克的哥哥说，从
十几岁开始，马斯克就坚持每天阅读两本书，阅读范围
涉及科幻小说、哲学、宗教、编程以及科学家、工程师
和企业家的传记。随着年龄的增长和职业兴趣的变化，
阅读领域又扩展到物理、工程、产品设计、商业、技术
和能源等方面。有人称马斯克为"现代博学者"。他建
议大学生文理融合，广泛涉猎，融会贯通，主张工科学
生不妨去学一点经济学、文学和其他领域的知识。我多
年前曾经建议高考取消文理分科，中学生加强文理综合
知识的全面学习，也是基于这样的思考。有研究发现，
历史上各个时期最重要的20位科学家中，有15位是博
学者。而世界级大公司的掌门人，如比尔·盖茨、乔布
斯、拉里·佩奇、杰夫·贝佐斯等，也都属于"现代博
学者"。他们都能够做到每周至少花5小时学习，在许

多不同的领域进行广泛学习，并且理解连接这些领域的更深层次的原则和思维模式。将不同领域的知识融会贯通就很容易产生奇思妙想，这是所有创新的不二法则。

作为一名理工男，马斯克非常喜欢阅读历史书籍，善于从历史、人物传记中汲取经验教训。为什么历史很重要？读历史有助于形成历史意识、悲悯情怀，学会历史地、辩证地看问题的方法。在某种意义上可以说，一切科学都是历史的科学。而人物传记，则有助于帮助孩子们寻找生命的原型、人生的榜样。富兰克林就是马斯克的偶像和生命原型，他认为，富兰克林不仅仅是一位伟大的发明家，而且"他还在正确的时间做了正确的事情"。马斯克说，他喜欢的还有牛顿、爱因斯坦、达尔文等人的传记。其实，新教育实验这些年来也一直在研究和探索人物传记的阅读问题。按照新教育的生命叙事理论，每个人在叙写自己的生命故事的时候，自觉不自觉都是有生命原型的。这些原型往往就是照耀人们前行的灯塔，是战胜成长过程中各种困难的力量源泉。如马斯克就说，那些伟大人物如何克服困难的经历，就给了他自己很大的启发。罗曼·罗兰也说过，我们每个人都有疲倦的时刻，英雄的胸怀能够温暖我们，我们可以从他们身上汲取人生的力量。

除了阅读历史与人物传记，马斯克也非常喜欢阅读科幻作品。在和钱颖一先生对话的时候，他就告诉大家，他特别喜欢阿西莫夫、海因莱因、克拉克等人的作品，当时他正在阅读班克斯的"文明"系列。他认为，科幻的魅力，在于突破常规的束缚。虽然一般题材的书也很有趣，但是受到固定框架的限制，自由度非常有限。科幻作品的自由度要大得多。他坦承自己从科幻作品中汲取了许多灵感，他的梦想就是不能让科幻作品永远是科幻作品，而要让它们逐步成为现实。的确，人类科学技术进步的历程，正是一步一步把科幻作品的想象力变成现实的生产力的过程。嫦娥奔月的幻想，一直是人类飞天的源动力。科幻小说《雪崩》里面对于真实世界与虚拟世界平行交错的想象，成为元宇宙的直接来源。而凡尔纳科幻小说中的许多场景，早已经成为我们生活中的事实。想象力是需要激发的，科幻作品正是培养和激发想象力的重要阅读材料。

后　记

　　2019年4月，商务印书馆推出了精装版的《温儒敏谈读书》一书。温儒敏老师让策划编辑李节在第一时间寄给我，我也第一时间在微博上推荐了这本书。作为教育部统编语文教材的总主编，温先生对语文教育与阅读的关系、通识教育与阅读的关系、网络时代与经典阅读的关系等做了比较全面的论述，深入浅出，切中肯綮。温先生主张，语文教师应该成为"读书种子"，才能从根本上提升语文教学的水平。其实，不仅仅是语文教师，所有学科教师，都应该成为"读书种子"。

　　接着，李节就向我约稿，让我也整理一本《朱永新谈读书》。因为手头本职工作繁多，同时正在撰写《造就中国人：阅读与国民教育》的书稿，一直没有时间着手整理。2020年2月，李节又给我寄来了《温儒敏谈读书》的平装本。她告诉我，温儒敏先生的这本书出版后反响很好，被《中国教育报》评为当年教师最喜爱的图书，希望我能够尽快完成，作为温先生这本书的姊妹篇。

本来以为，把自己近年来关于阅读的文字整理一下，不是什么困难的事情。但是，真正开始整理书稿的时候却发现实属不易。首先，关于阅读的著作本人已经出版过好几本，《我的阅读观》《书香，也醉人》《造就中国人：阅读与国民教育》《给教师的信：阅读与人生》《语文阅读与成长》等。我不想重复自己，希望收入这本书的文章尽可能在以上的著作中没有收录过。其次，书稿要有逻辑性，有一定的主题和体系，不应是简单的文章汇集。所以，前后还是花了不少的时间与精力来编写。一方面是对旧作进行了修订，同时也结合近年的阅读和思考，新撰写了数篇文章。

现在的这本书稿分四个部分，第一部分谈家庭教育与读书。帮助父母认识到阅读对孩子成长的价值，认识到亲子共读对于一个幸福家庭的意义，教会父母如何在家里营造读书氛围，如何引导孩子爱上读书。第二部分谈学校教育与读书。作为新教育实验发起人，我认为营造书香校园是新教育十大行动之首，是我最为看重的行动。这部分，主要讲了如何利用学校教育培养孩子的读书兴趣和读书习惯，探索学校和教室环境下如何激发学生的读书兴趣，如何开展阅读评价，学科阅读的重要性等。第三部分谈个人成长与读书。作为国家"全民阅读形象代言人"，从读书与每个人的人生成长角度，为阅读鼓与呼是我应尽的职责。第四部分谈读书的智慧与方法。对中国古代的阅读方法做了系统的梳理，还有六篇是我阅读西方名家论述读书问题的读书笔记与思考。这本书的最大特点是针对性、实用性和操作性，尤其适用于那些有心帮助孩子读书的父母和教师。

有媒体称我为阅读的"传教士"，虽然我不信宗教，但是的确我是把阅读当作信仰的。我读过在贵州大山里传教的柏格理先生的传记，为他的情怀而感动，也期待自己能够有那样不畏艰难、锲而不舍的精神，为中国的阅读事业做一些实实在在的事情。

感谢商务印书馆的大力支持。感谢这本书的责任编辑李节女士，她锲而不舍地催促和完善这本书，在文章选编和整体内容编排上提出了具体可行的建议，在文字上悉心修改完善，使得这本书的内容更加简明、更具有针对性。

感谢这本书的读者朋友。

朱永新

2021年6月初稿，2021年8月修订，

2022年4月定稿于北京滴石斋